매일 카톡
매일 묵상

매일 카톡 매일 묵상

엮 은 이 류은영
초판 1쇄 2023년 10월 30일
개정판 1쇄 2024년 11월 11일

펴 낸 곳 에셀나무
디 자 인 에셀나무
등   록 제 2020-000064호
주   소 서울 송파구 양산로8길 4, A상가 207호
전   화 02-423-4131 / 010-6642-4131
팩   스 02-423-4138
I S B N 979-11-978733-5-5
한 권 값 7,700원

매일 카톡
매일 묵상

위로가 필요한 전도 대상자에게
카톡으로 보낸 묵상글 모음

_류은영 지음

에셀나무

주기도문

하늘에 계신 우리 아버지여,
이름이 거룩히 여김을 받으시오며,
나라가 임하시오며,
뜻이 하늘에서 이루어진 것 같이
땅에서도 이루어지이다.
오늘 우리에게 일용할 양식을 주시옵고,
우리가 우리에게 죄 지은 자를 사하여 준 것 같이
우리 죄를 사하여 주시옵고,
우리를 시험에 들게 하지 마옵시고,
다만 악에서 구하시옵소서.
나라와 권세와 영광이 아버지께
영원히 있사옵나이다. 아멘.

사도신경

전능하사 천지를 만드신
하나님 아버지를 내가 믿사오며,
그 외아들 우리 주 예수 그리스도를 믿사오니,
이는 성령으로 잉태하사
동정녀 마리아에게 나시고,
본디오 빌라도에게 고난을 받으사,
십자가에 못박혀 죽으시고,
장사한 지 사흘 만에 죽은 자 가운데서
다시 살아나시며, 하늘에 오르사,
전능하신 하나님 우편에 앉아 계시다가,
저리로서 산 자와 죽은 자를 심판하러 오시리라.
성령을 믿사오며, 거룩한 공회와,
성도가 서로 교통하는 것과,
죄를 사하여 주시는 것과, 몸이 다시 사는 것과,
영원히 사는 것을 믿사옵나이다. 아멘.

묵상 왕이 되기 위한 필수 성경 구절

1. **창조 / 창세기 1:1**
태초에 하나님이 천지를 창조하시니라

2. **창조 / 창세기 1:27**
하나님이 자기 형상 곧 하나님의 형상대로 사람을 창조하시되 남자와 여자를 창조하시고

3. **창조 / 시편 95:4~5**
땅의 깊은 곳이 그 위에 있으며 산들의 높은 것도 그의 것이로다 바다가 그의 것이라 그가 만드셨고 육지도 그의 손이 지으셨도다

4. **창조 / 시편 148:3~5**
해와 달아 찬양하며 광명한 별들아 찬양할지어다 하늘의 하늘도 찬양하며 하늘 위에 있는 물들도 찬양할지어다 그것들이 여호와의 이름을 찬양할 것은 저가 명하시매 지음을 받았음이로다

5. **죄 / 야고보서 1:14~15**
오직 각 사람이 시험을 받는 것은 자기 욕심에 끌려 미혹됨이니, 욕심이 잉태한즉 죄를 낳고 죄가 장성한즉 사망을 낳느니라

6. **죄 / 로마서 3:23**
모든 사람이 죄를 범하였으매 하나님의 영광에 이르지 못하더니

7. **심판 / 히브리서 9:27**

한번 죽는 것은 사람에게 정하신 것이요 그 후에는 심판이 있으리니

8. 지옥 / 잠언 9:18
오직 그 어리석은 자는 죽은 자가 그의 곳에 있는 것과 그의 객들이 음부 깊은 곳에 있는 것을 알지 못하느니라

9. 지옥 / 누가복음 16:24
불러 가로되 아버지 아브라함이여 나를 긍휼히 여기사 나사로를 보내어 그 손가락 끝에 물을 찍어 내 혀를 서늘하게 하소서 내가 이 불꽃 가운데서 고민하나이다

10. 영생 / 로마서 6:23
죄의 삯은 사망이요 하나님의 은사는 그리스도 예수 우리 주 안에 있는 생명이니라

11. 사랑 / 요한복음 3:16
하나님이 세상을 이처럼 사랑하사 독생자를 주셨으니 이는 저를 믿는 자마다 멸망치 않고 영생을 얻게 하려 하심이니라

12. 그리스도 / 요한일서 4:14
아버지가 아들을 세상의 구주로 보내신 것을 우리가 보았고 또 증거하노니

13. 구원 / 마태복음 1:21
아들을 낳으리니 이름을 예수라 하라 이는 그가 자기 백성을 저희 죄에서 구원할 자이심이라 하니라

14. 대속 / 로마서 5:8
우리가 아직 죄인되었을 때에 그리스도께서 우리를 위하여 죽으심으로 하나님께서 우리에게 대한 자기의 사랑을 확증하셨느니라

15. 대속 / 이사야 53:5~6
그가 찔림은 우리의 허물을 인함이요 그가 상함은 우리의 죄

악을 인함이라 그가 징계를 받음으로 우리가 평화를 누리고 그가 채찍에 맞음으로 우리가 나음을 입었도다 우리는 다 양 같아서 그릇 행하여 각기 제 길로 갔거늘 여호와께서는 우리 무리의 죄악을 그에게 담당시키셨도다

16. 부활 / 고린도전서 15:3~4
내가 받은 것을 먼저 너희에게 전하였노니 이는 성경대로 그리스도께서 우리 죄를 위하여 죽으시고 장사 지낸바 되었다가 성경대로 사흘만에 다시 살아나사

17. 길(진리) / 요한복음 14:6
예수께서 가라사대 내가 곧 길이요 진리요 생명이니 나로 말미암지 않고는 아버지께로 올 자가 없느니라

18. 회개 / 요한일서 1:9
만일 우리가 우리 죄를 자백하면 저는 미쁘시고 의로우사 우리 죄를 사하시며 모든 불의에서 우리를 깨끗케 하실 것이요

19. 용서 / 에베소서 1:7
우리가 그리스도 안에서 그의 은혜의 풍성함을 따라 그의 피로 말미암아 구속 곧 죄 사함을 받았으니

20. 믿음 / 에베소서 2:8
너희가 그 은혜를 인하여 믿음으로 말미암아 구원을 얻었나니 이것이 너희에게서 난 것이 아니요 하나님의 선물이라

21. 믿음 / 로마서 3:24
그리스도 예수 안에 있는 속량으로 말미암아 하나님의 은혜로 값 없이 의롭다 하심을 얻은 자 되었느니라

22. 영접 / 로마서 10:9~10
네가 만일 네 입으로 예수를 주로 시인하며 또 하나님께서 그를 죽은 자 가운데서 살리신

것을 네 마음에 믿으면 구원을 얻으리니 사람이 마음으로 믿어 의에 이르고 입으로 시인하여 구원에 이르느니라

23. 영접 / 사도행전 16:31
가로되 주 예수를 믿으라 그리하면 너와 네 집이 구원을 얻으리라 하고

24. 초청 / 요한계시록 3:20
볼찌어다 내가 문 밖에 서서 두드리노니 누구든지 내 음성을 듣고 문을 열면 내가 그에게로 들어가 그로 더불어 먹고 그는 나로 더불어 먹으리라

25. 자녀됨 / 요한복음 1:12
영접하는 자 곧 그 이름을 믿는 자들에게는 하나님의 자녀가 되는 권세를 주셨으니

26. 확신 / 요한일서 5:13
내가 하나님의 아들의 이름을 믿는 너희에게 이것을 쓴 것은 너희로 하여금 너희에게 영생

이 있음을 알게 하려 함이라

27. 확신 / 로마서 8:38~39
내가 확신하노니 사망이나 생명이나 천사들이나 권세자들이나 현재 일이나 장래 일이나 능력이나 높음이나 깊음이나 다른 아무 피조물이라도 우리를 우리 주 그리스도 예수 안에 있는 하나님의 사랑에서 끊을 수 없으리라

28. 성결 / 고린도전서 3:16
너희가 하나님의 성전인 것과 하나님의 성령이 너희 안에 거하시는 것을 알지 못하느뇨

29. 인도 / 잠언 3:5~6
너는 마음을 다하여 여호와를 의뢰하고 네 명철을 의지하지 말라 너는 범사에 그를 인정하라 그리하면 네 길을 지도하시리라

30. 인도 / 빌립보서 1:6
너희 속에 착한 일을 시작하신

이가 그리스도 예수의 날까지 이루실 줄을 우리가 확신하노라

31. 보호 / 이사야 41:10
두려워 말라 내가 너와 함께 함이니라 놀라지 말라 나는 네 하나님이 됨이니라 내가 너를 굳세게 하리라 참으로 너를 도와 주리라 참으로 나의 의로운 오른손으로 너를 붙들리라

32. 평안 / 요한복음 14:27
평안을 너희에게 끼치노니 곧 나의 평안을 너희에게 주노라 내가 너희에게 주는 것은 세상이 주는 것 같지 아니하니라 너희는 마음에 근심도 말고 두려워하지도 말라

33. 말씀 / 마태복음 4:4
예수께서 대답하여 가라사대 기록되었으되 사람이 떡으로만 살 것이 아니요 하나님의 입으로 나오는 모든 말씀으로 살 것이라 하였느니라 하시니

34. 기도 / 빌립보서 4:6~7
아무 것도 염려하지 말고 오직 모든 일에 기도와 간구로, 너희 구할 것을 감사함으로 하나님께 아뢰라 그리하면 모든 지각에 뛰어난 하나님의 평강이 그리스도 예수 안에서 너희 마음과 생각을 지키시리라

35. 찬양 / 시편 69:30~31
내가 노래로 하나님의 이름을 찬송하며 감사함으로 하나님을 광대하시다 하리니 이것이 소 곧 뿔과 굽이 있는 황소를 드림보다 여호와를 더욱 기쁘시게 함이 될것이라

꼭 알아야 할 핵심 전도법!

1. 하나님께서는 당신을 사랑하십니다.

하나님은 사랑이십니다(요한일서 4:16). 하나님은 당신에게 복음을 주시고, 평강을 주시기를 원하십니다. 그런데 많은 사람들은 이러한 참 자유를 누리지 못하고 있습니다. 왜 그럴까요?

2. 사람은 하나님을 떠난 죄인이기 때문입니다.

모든 사람이 죄를 범하여 하나님의 영광에 이르지 못하게 되었고(로마서 3:23), 하나님의 사랑과 축복의 통로를 이 죄가 차단하고 있기 때문입니다.
당신은 이 죄를 어떻게 하시겠습니까?

3. 사람의 죄를 해결하시는 유일한 분은 예수님 이십니다.

하나님께서 당신의 죄악을 예수님께 담당시키셨습니다.
예수님은 이렇게 말씀하십니다.
"이것은 죄 사함을 얻게 하려고 많은 사람을 위하여 흘리는 바
나의 피 곧 언약의 피니라"(마태복음 26:28)

4. 누구든지 이 예수님을 믿으면 죄사함을 받고 하나님의 자녀가 되어 풍성한 삶을 살게 됩니다.

"영접하는 자 곧 그 이름을 믿는 자들에게는 하나님의 자녀가 되는 권세를 주셨으니"(요한복음 1:12)라고 하셨습니다. 이 사실을 믿는 자들에는 풍성한 삶을 약속하고 계십니다."내가 온 것은 양으로 생명을 얻게 하고 더 풍성히 얻게 하려는 것이다"(요한복음 10:10).

차례

매일 카톡 매일 묵상 소책자 사용법

· 누구나 읽기 원하지만 쉽게 읽을 수 없는 성경을 생생한 목소리로 읽어 줍니다.

· 문제 해결을 찾는 분들에게 삶의 고민과 궁금한 것을 쉽게 적용시켜 드립니다.

· 매일 묵상을 소개합니다. 매일의 묵상으로 말씀을 배우고 삶 속에서 적용할 수 있습니다.

· 말씀의 길을 따라 직진하십시오. 생명과 평안의 길로 가는 길입니다.

· 우리 어릴 때 엄마 손이 약손이었던 것처럼 모든 죄의 문제를 해결하시는 분은 예수님이십니다.

· 메일 카톡으로 매일 행복한 삶이 되시기를 축복합니다.

3년이 넘는 긴 코로나의 터널을 되돌아보면 어떻게 저 긴 길을 지나왔을까?
끝을 알았다면 좀 더 잘 견뎌낼 수 있었을까?
다시 한번 그 길을 가라 하면 과연 난 갈 수 있을까?
많은 생각들이 스쳐간다.

누구나 취업을 원하지만 취업과 동시에 퇴사를 꿈꾼다는 말이 있을 정도로 직장 생활은 그리 녹록지 않다.

나 또한 푸른 꿈을 안고 모교인 대학병원에 입사하였지만 28년 후 퇴사하기까지 수많은 어려움과 좌절, 도망치고 싶은 순간들의 연속이었다.

2020년 1월 말, 드디어 퇴사를 하고 집에 들어앉았지만 그 시기에 촉발된 코로나 여파로 집 안에 갇히게 되었다.

멀쩡한 사람도 우울해지는 코로나 팬데믹, 그리고 어려움을 겪고 있는 주변의 지인들.
이 가운데 나는 무엇을 할 수 있을까?

모든 관계들이 차단되고 고립되는 그 상황 가운데 만나고 싶은 사람, 위로하고 싶은 친구에게 카톡으로 하나님 말씀을 보내기 시작했다.

주로 위로의 구절을 뽑아서 보내니 내대신 하나님께서 직접 위로해 주시는 듯한 책임 전가(?)가 이루어졌다.

처음엔 말씀만 보내다가 말씀에 대한 설명을 간단

히 끼워 넣었고 나중엔 말씀에 대한 나의 생각, 묵상글을 적어 보냈다.

한 친구를 위로하고자 시작한 것이 주변에 위로가 필요한 이들을 추가하게 되었고 교회 공동체, 동창, 지인, 자녀들에게 매일 보내고 있다.

처음부터 신앙이 없는 친구를 대상으로 시작하였기에 나의 묵상글은 전도 대상자용이고 쉽게 씌여진 것이 특징이다.

지금까지 보내진 묵상글 중 일부를 세상에 내놓게 된 것은 코로나 상황 가운데서도 나와 함께 하시고 나를 사용하신 하나님을 나타내고자 '기념비를 세우는 마음'으로 용기를 내게 되었다.

모든 영광을 하나님께 올려드리며 어려운 출판 상황 가운데서도 기꺼이 도움을 주신 에셀나무 고정양 선교사님께 감사의 말씀을 드린다.

2023년 10월 따스한 날에
류은영

쉽게 지나쳐 버린
늘 내게 사랑을 베푸시는 분들께
감사의 고백을 드리세요.
그분들로 인해 내가 있음은
주님이 주신 큰 축복입니다.

"여호와께 감사하라..." (시 136 : 1)

Part_1

감사의 날에

인생에 누구나 전쟁같은 포로같은
시절이 있을 수 있지요.
그러나 오늘의 내가 있음은 주님의 은혜이고,
날마다 그것을 기억해야 합니다.

마태복음 7장

26 나의 이 말을 듣고 행하지 아니하는 자는 그 집을 모래
위에 지은 어리석은 사람 같으리니

새해가 밝았습니다.
집을 반석 위에 세울지, 모래 위에 세울지
선택은 자유이지만 결과는 우리 몫이죠.
말씀 위에 집을 세우는 지혜로운 새해, 새 출발 하세요.

로마서 1장

17 복음에는 하나님의 의가 나타나서 믿음으로 믿음에 이
르게 하나니 기록된 바 '오직 의인은 믿음으로 말미암
아 살리라' 함과 같으니라

믿을 수 있는 것을 믿는 건 '인식'이고
믿을 수 없는 것을 믿는 게 '신앙'입니다.
하나님께서는 그 믿음을 '의(義)'로 여겨주십니다.

디모데후서 2장

20 큰 집에는 금 그릇과 은 그릇뿐 아니라 나무 그릇과 질 그릇도 있어 귀하게 쓰는 것도 있고 천하게 쓰는 것도 있나니

21 그러므로 누구든지 이런 것에서 자기를 깨끗하게 하면 귀히 쓰는 그릇이 되어 거룩하고 주인의 쓰심에 합당하며 모든 선한 일에 준비함이 되리라

세상에서는 금수저, 은수저를 귀하다 하지만
하나님은 깨끗한 수저를 쓰십니다.
한 해를 마무리하며 설거지 잘 하시고
새해에는 깨끗한 수저로 사용되시길 축복합니다.

잠언 29장

25 사람을 두려워하면 올무에 걸리게 되거니와 여호와를 의지하는 자는 안전하리라

사람은 보이지 않게 나를 얽어매는 덫을 놓지만
하나님의 울타리는 안전하게 나를 두르고 계십니다.

여호수아 10장

14 ... 이는 여호와께서 이스라엘을 위하여 싸우셨음이니
라

성경에 나오는 이스라엘이라는 단어는
단지 나라가 아닌 '성도'를 나타냅니다.
내가 싸우다 만신창이가 된 것 같지만,
지나고 보니 하나님께서 싸워주셨습니다.
오늘의 문제도 맡기시고 평안을 누리시길 바랍니다.

시편 1편

3 그는 시냇가에 심은 나무가 철을 따라 열매를 맺으며
그 잎사귀가 마르지 아니함 같으니 그가 하는 모든 일
이 다 형통하리로다

잎사귀가 마르지 않는 방법은
뿌리가 물 근원을 찾아야 합니다.
그리고 그 물 근원은 마르지 않아야 합니다.

고린도후서 1장

20 하나님의 약속은 얼마든지 그리스도 안에서 예(Yes)가
되니 그런즉 그로 말미암아 우리가 '아멘' 하여 하나님
께 영광을 돌리게 되느니라

성도들이 말끝마다 '아멘'이라고 하는 것은
하나님의 말씀을 'Yes'라고 받아들이는 반응입니다.
올 한 해 '아멘'이 넘치시길 바랍니다.

시편 16편

2 내가 여호와께 아뢰되 주는 나의 주님이시오니 주 밖
에는 나의 복이 없다 하였나이다

사막에서는 물이 가장 필요하고
어두운 밤에는 빛이 절실하듯
우리 인생에 하나님 한 분이면 됩니다.

창세기 1장

5 하나님이 빛을 낮이라 부르시고 어둠을 밤이라 부르시
   니라 저녁이 되고 아침이 되니 이는 첫째 날이니라

천지창조 장면입니다.
세상의 시간은 아침부터 시작하여 밤에 마치지만
하나님의 시간은 저녁부터 아침으로 흐릅니다.
인생의 어둠이 지나가고 아침이 올 것입니다.

민수기 14장

28 그들에게 이르기를 여호와의 말씀에 내 삶을 두고 맹
   세하노라 너희 말이 내 귀에 들린 대로 내가 너희에게
   행하리니

하나님께서는 우리 입술에 권세를 주셨습니다.
선한 말, 긍정의 말, 믿음의 말로
나와 주변을 전염(?) 시킵시다.

요한복음 6장

68 시몬 베드로가 대답하되 주여 영생의 말씀이 주께 있사오니 우리가 누구에게로 가오리이까

주의 말씀에 배부르면
세상 욕심이 제어(brake)됩니다.

히브리서 9장

27 한번 죽는 것은 사람에게 정해진 것이요 그 후에는 심판이 있으리니

누구나 죽는다는 것을 다 알지만
죽음을 준비하는 사람은 많지 않습니다.
노후 준비보다 더 중요한 게 사후 준비가 아닐까요?

예레미야 12장

5 만일 네가 보행자와 함께 달려도 피곤하면 어찌 능히 말과 경주하겠느냐

하나님의 훈련이 때로는 버거워도,
어느새 우리를 강하게 하십니다.

고린도후서 4장

16 그러므로 우리가 낙심하지 아니하노니 우리의 겉사람
은 낡아지나 우리의 속사람은 날로 새로워지도다

겉사람(육체)에 대한 관심도 중요하지만
속사람(영혼)을 더 추구하는 삶이 되길 바랍니다.

레위기 19장

9 너희가 너희의 땅에서 곡식을 거둘 때에 너는 밭 모퉁
이까지 다 거두지 말고 네 떨어진 이삭도 줍지 말며
10 네 포도원의 열매를 다 따지 말며 네 포도원에 떨어진
열매도 줍지 말고 가난한 사람과 거류민을 위하여 버
려두라 나는 너희의 하나님 여호와이니라

우리의 소득을 악착같이 거두지 말고
가난한 자들과 소외된 자들에게 흘려보내라 하십니다.
함께 이겨낼 수 있도록 주변을 돌아보아요.

신명기 1장

31 ...사람이 자기의 아들을 안는 것 같이 너희의 하나님 여호와께서 너희가 걸어온 길에서 너희를 안으사 이 곳까지 이르게 하셨느니라

광야 같은 인생길,
돌아보면 모든 것이 은혜입니다.

여호수아 18장

3 ...너희가 너희 조상의 하나님 여호와께서 너희에게 주신 땅을 점령하러 가기를 어느 때까지 지체하겠느냐

우리 각자에게는 하나님께서 주신 사명이 있습니다.
잠시 쉬고 있거나 포기하고 있었다면
다시 용기 내어 보시기 바랍니다.

시편 128편

2 네가 네 손이 수고한 대로 먹을 것이라 네가 복되고 형
통하리로다

하나님께서 주시지 않으면
아무리 노력해도 받을 수 없고,
힘써 노력하지 않으면 주셔도 받아 누릴 수 없습니다.

로마서 12장

19 내 사랑하는 자들아 너희가 친히 원수를 갚지 말고 하
나님의 진노하심에 맡기라 기록되었으되 원수 갚는 것
이 내게 있으니 내가 갚으리라고 주께서 말씀하시니
라

아직도 원수갚으려 움켜진 손이 있다면,
주님께 넘겨드리세요.
원수를 위함이 아니요,
나를 위해 그렇게 하라 하십니다.

이사야 40장

1   너희의 하나님이 이르시되 너희는 위로하라 내 백성
    을 위로하라

    하나님께서는 서로 위로하라고 하십니다.
    비대면 시대를 지나며 나 혼자 있는 것 같지만,
    나를 위로할, 또 내가 위로할 사람은 꼭 있습니다.

빌립보서 4장

12 나는 비천에 처할 줄도 알고 풍부에 처할 줄도 알아 모
    든 일 곧 배부름과 배고픔과 풍부와 궁핍에도 처할 줄
    아는 일체의 비결을 배웠노라

    모든 것을 가져야 행복할 것 같지만,
    어떤 것도 잘 대처하는 것이 능력입니다.
    능력자가 되십시오!

여호수아 21장

45 여호와께서 이스라엘 족속에게 말씀하신 선한 말씀이
하나도 남음이 없이 다 응하였더라

하나님의 말씀은 꼭 이루어집니다.
순종하면 내 것.
불순종하면 나와 상관없는 일!

민수기 23장

19 하나님은 사람이 아니시니 거짓말을 하지 않으시고 인
생이 아니시니 후회가 없으시도다 어찌 그 말씀하신
바를 행하지 않으시며 하신 말씀을 실행하지 않으시랴

약속하기는 쉬우나 지키기는 어렵습니다.
하나님의 신실하심을 따라
우리도 그렇게 살아야 합니다.

에베소서 4장

3 평안의 매는 줄로 성령(하나님의 영)이 하나 되게 하신
것을 힘써 지키라

우리 가운데 분열이 있다면,
자기의 유익을 구하기 때문입니다.
하나님의 성품은 하나되는 것입니다.

고린도후서 1장

9 우리는 우리 자신이 사형 선고를 받은 줄 알았으니 이
는 우리로 자기를 의지하지 말고 오직 죽은 자를 다시
살리시는 하나님만 의지하게 하심이라

날마다 사형선고(돈, 건강, 명예, 관계... 등) 받는
인생이지만,
그래서 날마다 하나님만 바라봅니다.

갈라디아서 6장

17 이 후로는 누구든지 나를 괴롭게 하지 말라 내가 내 몸
에 예수의 흔적을 지니고 있노라

흉은 감추고 싶은 상처(scar)이지만
흔적은 십자가 사랑의 증거(mark)입니다.
상처는 우리를 부끄럽게 하나
흔적은 우리를 깨닫게 합니다.

마태복음 5장

13 너희는 세상의 소금이니 소금이 만일 그 맛을 잃으면
무엇으로 짜게 하리요 후에는 아무 쓸 데 없어 다만 밖
에 버려져 사람에게 밟힐 뿐이니라

바닷물 1Kg에 35g의 염분이(3.5%)
바다의 부패를 막습니다.
세상(사회) 속에 살아가나 세속화(변질) 되지 않고
세상을 변화시키는 성도가 되어야 하겠습니다.

잠언 4장

27 좌로나 우로나 치우치지 말고 네 발을 악에서 떠나게
하라

코로나로 인해 갈 곳이 적었던 때에도
죄의 노선은 여전히 무제한이었던 것 같습니다.
마음과 행동 모두
말씀 앞에 정결해지기 원합니다.

고린도전서 1장

3 하나님 우리 아버지와 주 예수 그리스도로부터 은혜
와 평강이 있기를 원하노라

돈이 없으면 가난하다고 여기지만
하나님께서는 돈으로 살 수 없는
은혜와 평강을 주십니다.

창세기 2장

7 여호와 하나님이 땅의 흙으로 사람을 지으시고 생기를 그 코에 불어넣으시니 사람이 생령이 되니라

모든 물건마다 원산지가 있듯,
사람의 시작은 하나님의 손입니다.
지으신 목적을 이뤄가는 날들 되시기 바랍니다.

고린도전서 13장

1 내가 사람의 방언과 천사의 말을 할지라도 사랑이 없으면 소리 나는 구리와 울리는 꽹과리가 되고

무슨 일을 하든 이상하게 마음까지도 전해지죠?
일은 하고도 소음만 남는 게 아니라
따뜻한 사랑이 전해지게 되길 바랍니다.

요한복음 13장

1 유월절 전에 예수께서 자기가 세상을 떠나 아버지께
   로 돌아가실 때가 이른 줄 아시고 세상에 있는 자기 사
   람들을 사랑하시되 끝까지 사랑하시니라

예수님께서는 십자가의 죽음을 위해 이 땅에 오셨지만
준비 기간 동안 많이 힘드셨을 것입니다.
하지만 끝까지 그 사랑을 놓지 않으셨습니다.

고린도후서 6장

10 근심하는 자 같으나 항상 기뻐하고 가난한 자 같으나
   많은 사람을 부요하게 하고 아무 것도 없는 자 같으나
   모든 것을 가진 자로다

신앙은 역설적인 표현이 많죠.
그래서 안 믿어지기도 합니다.
하지만 하나님의 손에 붙잡히면
우리의 인생도 뒤바뀝니다.

시편 138편

6 여호와께서는 높이 계셔도 낮은 자를 굽어살피시며 멀리서도 교만한 자를 아심이니이다

비행기에서 내려다본 건물은 그 높낮이가 의미 없듯이
하나님 보시기에 우리의 교만은 쨉도 안됩니다.
죽음에까지 낮아지신 예수님의 겸손을
오늘도 묵상합니다.

※쨉 : 상대 또는 맞수를 속되게 이르는 말 <네이버 국어사전>

디모데후서 1장

7 하나님이 우리에게 주신 것은 두려워하는 마음이 아니요 오직 능력과 사랑과 절제하는 마음이니

우리는 일이 잘 안될 때만 두려워하는 게 아니라,
잘 되고 있을 때에도 두려움을
필수품으로 갖고 다니지요.
그것마저도 주님께 내어놓는 게 믿음입니다.

빌립보서 4장

13 내게 능력 주시는 자 안에서 내가 모든 것을 할 수 있
느니라

'내 사전에 불가능은 없다'는
나폴레옹의 선포는 무모하지만
'주 안에' 있는 자에게는 가능한 믿음의 선포입니다.

로마서 10장

17 그러므로 믿음은 들음에서 나며 들음은 그리스도의 말
씀으로 말미암았느니라

우리는 다 아는 것 같으나
결국 많이 듣는 쪽으로 생각하고 행동합니다.
무엇을 많이 들어야 할까요?

에베소서 2장

10 우리는 그가 만드신 바라 그리스도 예수 안에서 선한
일을 위하여 지으심을 받은 자니 이 일은 하나님이 전
에 예비하사 우리로 그 가운데서 행하게 하려 하심이
니라

모든 물건마다 목적이 있고
소용대로 쓰여질 때 가치가 있습니다.
나의 지어진 목적을 주 안에서 발견하게 되길
바랍니다.

시편 102편

13 주께서 일어나사 시온을 긍휼히 여기시리니 지금은 그
에게 은혜를 베푸실 때라 정한 기한이 다가옴이니이다

지금은 끝이 보이지 않아 절망스럽더라도
하나님의 은혜의 때를 믿으며
조금만 더 힘내시기 바랍니다.

데살로니가전서 5장

16 항상 기뻐하라

17 쉬지 말고 기도하라

18 범사에 감사하라 이것이 그리스도 예수 안에서 너희를 향하신 하나님의 뜻이니라

이 말씀을 이렇게 바꿔보았습니다.
항상 불평하라. 쉬지 말고 불평하라. 범사에 불평하라.
이것은 과연 누구의 뜻일까요???

잠언 29장

25 사람을 두려워하면 올무에 걸리게 되거니와 여호와를 의지하는 자는 안전하리라

두려워하는 삶은 우리를 피곤하게 하지만,
의지할 대상이 있다는 건 참으로 행복한 일입니다.

신명기 32장

2   내 교훈은 비처럼 내리고 내 말은 이슬처럼 맺히나니
    연한 풀 위의 가는 비 같고 채소 위의 단비 같도다

때로는 이슬처럼 살짝, 때로는 장마처럼 질리게...
하나님은 우리에게 교훈하시고 결국 살게 하십니다.

신명기 8장

18 네 하나님 여호와를 기억하라 그가 네게 재물 얻을 능
    력을 주셨음이라

물이 수도꼭지에서 나오는 것 같아도
수원지가 따로 있듯이
우리 능력의 근원은 하나님이십니다.

요한복음 10장

11 나는 선한 목자라 선한 목자는 양들을 위하여 목숨을
버리거니와...

가치가 있는 대상을 위해 목숨을 버릴 때
비로소 값진 것이 되듯,
주님은 우리를 그렇게 귀히 보셨습니다.

갈라디아서 6장

7 스스로 속이지 말라 하나님은 업신여김을 받지 아니하
시나니 사람이 무엇으로 심든지 그대로 거두리라

오늘 내가 만나는 사람, 오늘 내가 읽는 책이
수년 후 내 인생을 결정짓는다고 합니다.
오늘 누구를 벗하며 무엇을 읽으시겠습니까?

고린도전서 11장

1 내가 그리스도를 본받는 자가 된 것 같이 너희는 나를
본받는 자가 되라

이 말은 예수님의 사도(제자)인 바울이
고린도교회 성도들에게 한 말입니다.
음식을 레시피대로, 건물을 설계도대로 지으면
실패하지 않듯, 인생에 본이 되는 모델이 있으면
잘 살아낼 수 있습니다.
여러분에게는 그런 롤 모델이 있습니까?
여러분도 누군가의 롤 모델이 되고 있나요.

로마서 11장

29 하나님의 은사와 부르심에는 후회하심이 없느니라

은사(선물, 재능)를 주신 하나님은 후회하지
않으시는데
우리가 먼저 후회하고 있지는 않은지요.
주실 뿐 아니라 부르시는 하나님께
응답하시기 바랍니다.

히브리서 12장

15 너희는 하나님의 은혜에 이르지 못하는 자가 없도록 하고 또 쓴 뿌리가 나서 괴롭게 하여 많은 사람이 이로 말미암아 더럽게 되지 않게 하며

약의 부작용만큼 무서운 게 내성입니다.
아무리 약을 써도 효과는커녕 고통만 커지지요.
감사가 줄어들고 불평만 늘어난다면,
혹시 내가 은혜에 내성이 생긴 건 아닌지
점검해 보시기 바랍니다.

시편 23편

1 여호와(하나님)는 나의 목자시니 내게 부족함이 없으리로다

나에겐 이것도 없고 저것도 없고...
결핍이 일상 고백이 된 생활 속에 살고 있지는
않은지요.
참된 만족의 근원은 오직 하나님 한 분뿐이십니다.

누가복음 6장

38 주라 그리하면 너희에게 줄 것이니 곧 후히 되어 누르고 흔들어 넘치도록 하여 너희에게 안겨 주리라 ...

많이 가진 사람이 부자가 아니라
줄 것이 많은 사람이 부자입니다.
쌓아놓고도 가난하게 살고 있습니까?
가진 것은 없어도 나눠주며 살고 있습니까?

요한일서 4장

19 우리가 사랑함은 그가 먼저 우리를 사랑하셨음이라

우리는 스스로 사랑할 줄 아는 사람으로 착각하나,
사랑은 하나님께 배워야 합니다.

베드로전서 4장

10 각각 은사(선물)를 받은 대로 하나님의 여러 가지 은혜
　　를 맡은 선한 청지기같이 서로 봉사하라

하나님은 각자에게 달란트(talent),
곧 은사(선물, 재능)를 주셨습니다.
그 은사는 자랑하라고 주신 것이 아니라
서로 섬기라고 주신 것이므로,
쌓아두거나 묻어두지 말고
꼭 기부하며 사시기 바랍니다.

시편 133편

1 보라 형제가 연합하여 동거함이 어찌 그리 선하고 아
　　름다운고

자식들끼리 싸우는 모습처럼
부모 마음을 아프게 하는 일이 없지요.
성도가 모인 교회(또는 공동체)는
하나님 앞에 서 있음을 잊지 말아야 합니다.

마가복음 5장

34 예수께서 이르시되 딸아 네 믿음이 너를 구원하였으
니 평안히 가라 네 병에서 놓여 건강할지어다

예수님은 이 땅에 계실 때
육신의 병만 고치신 게 아니라
마음에 평안도 부어주셨습니다.
삶의 구석구석 아프고 연약한 부분을
예수님께 내어드리기 바랍니다.

고린도전서 13장

3 내가 내게 있는 모든 것으로 구제하고 또 내 몸을 불사
르게 내줄지라도 사랑이 없으면 내게 아무 유익이 없
느니라

돈은 우리를 편리하게 할 뿐
행복을 주지는 못합니다.
모든 동기가 사랑이 될 때
돈으로 살 수 없는 평안을 누리게 될 것입니다.

시편 100편

4 　감사함으로 그의 문에 들어가며 찬송함으로 그의 궁
　　정에 들어가서 그에게 감사하며 그의 이름을 송축할
　　지어다

　　감사는 하늘문을 여는 비밀번호입니다.
　　비번이 틀리면 문은 열리지 않습니다.

여호수아 24장

15 ...너희가 섬길 자를 오늘 택하라 오직 나와 내 집은 여
　　호와를 섬기겠노라

　신앙생활 잘 할 수 있는 환경은 평생 오지 않습니다.
　　그래서 지금의 고백이 중요한 것 같습니다.

베드로전서 3장

7 　남편들아 이와 같이 지식을 따라 너희 아내와 동거하고

　　사랑은 내 맘대로 하는 것이 아니라
　　'지식'과 '연습'이 필요합니다.
　거저 얻어지지 않으므로 계속 노력해야 합니다.

고린도전서 13장

4   사랑은 오래 참고...

영원히 참는 것은 사랑이 아닙니다.
오래 참는 것이 사랑입니다.
하나님은 우리에 대해 오래 참고 계십니다.

고린도전서 13장

4   사랑은 오래 참고 사랑은 온유하며...

하나님이신 그분이 인간의 몸으로 오심.
그것이 지상 최대의 온유입니다.

고린도전서 13장

4   사랑은...시기하지 아니하며 사랑은 자랑하지 아니하
    며...

사촌이 땅을 사면 배가 아파 지옥을 살고 있습니다.
내가 집을 사도 기뻐해 주는 사람들이 곁에 있다면
그곳이 천국입니다.

고린도전서 13장

4   ... 사랑은 자랑하지 아니하며 교만하지 아니하며

교만은 자신을 높이 여기는 것이고,
사랑은 상대를 귀히 여기는 것입니다.

고린도전서 13장

5   사랑은.... 무례히 행하지 아니하며...

아무리 옳은 말도 기분 나쁘게 전하면 듣지 않습니다.
사랑한다면 한 번만 더 상대의 마음을 살펴주세요~

고린도전서 13장

5   사랑은 ... 성내지 아니하며...

성냄(화火)은 사랑을 삼키고, 사랑은 화를 잠재웁니다.
로마 군인들의 모욕과 멸시에도 예수님께서
끝까지 성내지 않으신 이유는
십자가 사명을 이루시기 위함이었습니다.

레위기 11장

45 ...내가 거룩하니 너희도 거룩할지어다

거룩은 하나님의 속성입니다.
행복을 좇으면 좇을수록 자꾸 달아나지만,
거룩을 좇아가면
하나님과 동행하는 성도의 삶이 됩니다.

누가복음 23장

34 이에 예수께서 이르시되 아버지 저들을 사하여(용서
하여) 주옵소서 자기들이 하는 것을 알지 못함이니이
다 하시더라

때로 우리는 우리가 하는 일을 알지 못하고
군중 속에서 외칠 때가 있습니다.
십자가 위에서
그런 우리를 용서하신 예수님을 생각합니다.

누가복음 23장

43 예수께서 이르시되 내가 진실로 네게 이르노니 오늘
네가 나와 함께 낙원에 있으리라 하시니라
(예수님과 같이 십자가에 달린 강도를 구원하시는 장면)

우리는 죽기 전에 구원받은 한 강도를 기억하지만,
본인이 죽기 전에 한 영혼이라도 더 구원하신
예수님의 사랑이 여기 있습니다.

고린도전서 14장

33 하나님은 무질서의 하나님이 아니시요 오직 화평의
하나님이시니라 ...

음악은 독창(또는 독주)도 아름답지만,
합창(또는 오케스트라) 같은 화음에 감탄하게 됩니다.
개개인도 존중받아야 하지만,
하모니를 이룰 때 세상은 아름답고
그 안에 질서가 있습니다.

고린도전서 15장

10 그러나 내가 나 된 것은 하나님의 은혜로 된 것이니 ...

앞의 상황에 상반된 말이 '그러나'입니다.
지금 내 형편이 어떠하든
하나님의 은혜임을 고백할 때
그 믿음대로 될 것입니다.

에스겔 4장

9 이 강물이 이르는 곳마다 번성하는 모든 생물이 살고
또 고기가 심히 많으리니 이 물이 흘러 들어가므로 바
닷물이 되살아나겠고 이 강이 이르는 각처에 모든 것
이 살 것이며

성경에서 '물'은
하나님 말씀을 뜻하는 경우가 많습니다.
오수, 폐수는 가는 곳마다
악취가 나고 생명을 죽이지만,
하나님의 말씀(물)은 닿는 곳마다
소생하고 생명이 살아납니다.

고린도전서 15장

57 우리 주 예수 그리스도로 말미암아 우리에게 승리를
주시는 하나님께 감사하노니

삶을 잘 살아보기 위해 검색도 많이 하고
교육도 받아보고 열심히 일도 해보지만,
참 인생의 승리는 예수님께 있습니다.
그분은 사망을 이기시고 부활하셨기 때문입니다.

고린도후서 2장

14 항상 우리를 그리스도 안에서 이기게 하시고 우리로
말미암아 각처에서 그리스도를 아는 냄새를 나타내시
는 하나님께 감사하노라

한국 사람에게는 특유의 마늘 냄새가,
서양 사람에게는 묘한 치즈냄새가 난다죠.
아마 매일 먹기 때문일 겁니다.
저도 날마다 말씀을 묵상하여
예수님 냄새가 나면 좋겠습니다.

로마서 15장

1 믿음이 강한 우리는 마땅히 믿음이 약한 자의 약점을
    담당하고 자기를 기쁘게 하지 아니할 것이라

물은 높은 곳에서 아래로 흘러
틈이 있는 곳마다 스며들 듯이,
내가 무엇을 가졌다고 생각하면
없는 자에게 흘려보내야 합니다.

창세기 1장

1 태초에 하나님이 천지를 창조하시니라

모든 물건에는 제조자가 있듯
이 세상은 하나님께서 만드셨습니다.(나 포함)
인생의 해답과 해석은 여기부터 시작합니다.

역대상 16장

26 만국의 모든 신(god)은 헛것이나 여호와(God)께서는
하늘을 지으셨도다

세상에는 사람이 만든 신(god)이 있고,
스스로 존재하시는 신(God)이 있습니다.
어느 분을 따르는 것이 참 지혜일까요?

시편 8편

1 여호와 우리 주여 주의 이름이 온 땅에 어찌 그리 아름
다운지요 주의 영광이 하늘을 덮었나이다

하나님께서 지으신 하늘은 본래 청명했으나,
사람의 욕심과 무분별한 개발로
황사와 미세먼지의 역풍을 만났습니다.
우리의 마음에도 죄를 걷어내면
주님의 영광이 보입니다.

신명기 33장

26 여수룬(이스라엘)이여 하나님 같은 이가 없도다 그가
너를 도우시려고 하늘을 타고 궁창(창공)에서 위엄을
나타내시는도다

동서남북 사방이 가로막혀 길이 보이지 않나요?
하나님께서는 누구나 볼 수 있게,
힘들 때 볼 수 있게 저 하늘을 주셨습니다.

이사야 51장

13 하늘을 펴고 땅의 기초를 정하고 너를 지은 자 여호와
를 어찌하여 잊어버렸느냐...

모든 식품은 유통기한이 있고
제조사마다 A/S 기간을 두지만,
나를 지으신 하나님은 끝까지 함께 하십니다.
단, 우리가 그분을 잊지요.

시편 77편

5 내가 옛날 곧 지나간 세월을 생각하였사오며...

세월만큼 후회되는 게 없습니다.
제일 잘 하는 약속이 "밥 한번 먹자"이고,
제일 잘 하는 변명이 "시간이 없다"는 말이지요.
시간이 없었던 게 아니라 마음이 없었던 것을...

고린도후서 4장

4 우리가 이 보배를 질그릇에 가졌으니 이는 심히 큰 능
   력은 하나님께 있고 우리에게 있지 아니함을 알게 하
   려 함이라

우리는 보배를 금그릇에 담으려고 애를 쓰며,
그래서 인생이 피곤해집니다.
하지만 그릇 때문에 보배가 빛나는 것이 아니라,
보배 때문에 그릇이 빛나는 것임을 잊지 맙시다.
그 보배는... 예수 그리스도입니다!

고린도후서 4장

16 그러므로 우리가 낙심하지 아니하노니 우리의 겉사람
(육체)은 낡아지나 우리의 속사람(영혼)은 날로 새로워
지도다

사람은 태어나면 누구나 죽음을 향하여 갑니다.
정점이 있을 뿐 누구나 낡아지지요.
하지만 주님의 은혜는
우리의 영혼을 날마다 새롭게 하십니다.

고린도후서 5장

1 만일 땅에 있는 우리의 장막 집이 무너지면 하나님께
서 지으신 집 곧 손으로 지은 것이 아니요 하늘에 있는
영원한 집이 우리에게 있는 줄 아느니라

어려서 뛰놀던 놀이터 생각나시나요?
놀이터는 놀던 곳일 뿐, 돌아갈 집은 따로 있습니다.
아무리 골목대장이라도 돌아갈 집이 없다면
해가 질수록 점점 힘을 잃는 것처럼,
인생의 해가 뉘엿뉘엿 질 때, 우리의 돌아갈 집,
본향(천국)을 묵상하며 새 힘 얻기 바랍니다.

고린도후서 5장

17 그런즉 누구든지 '그리스도 안'에 있으면 새로운 피조
물이라 이전 것은 지나갔으니 보라 새 것이 되었도다

우리는 항상 새것을 좋아합니다.
새 가구, 새 옷, 새 정치,
심지어 내 옆에 있는 사람까지도...
하지만, 진정한 회복은 그리스도 안(in Christ)에
있을 때 가능합니다.

고린도후서 6장

1   우리가 하나님과 함께 일하는 자로서 너희를 권하노
니 하나님의 은혜를 헛되이 받지 말라

하나님께서 아무리 좋은 것을 주셔도
받지 않는 사람, 받고도 쓰지 않는 사람,
받아서 잘 사용하는 사람이 있습니다.
주신 은혜를 잘 받아 활용하시기 바랍니다.
그 방법은 순종이지요.

고린도후서 6장

2 이르시되 내가 은혜 베풀 때에 너에게 듣고 구원의 날
에 너를 도왔다 하셨으니 보라 지금은 은혜 받을 만한
때요 보라 지금은 구원의 날이로다

수도꼭지를 틀면 항상 물이 나오듯이
하나님의 은혜는 늘 준비되어 있습니다.
믿음으로 순종으로 은혜의 수도꼭지를
돌리시기 바랍니다.

창세기 2장

7 여호와 하나님이 땅의 흙으로 사람을 지으시고 생기
를 그 코에 불어 넣으시니 사람이 생령이 되니라

사람이 동물과 다른 점은
하나님의 영이 우리 안에 있다는 것입니다.
그러므로 인생의 공허함은
하나님으로만 채울 수 있습니다.

고린도후서 4장

6 어두운 데에 빛이 비치라 말씀하셨던 그 하나님께서
예수 그리스도의 얼굴에 있는 하나님의 영광을 아는
빛을 우리 마음에 비추셨느니라

예수님은 빛이십니다.
그 빛은 우리 마음의 어둠(두려움)을 몰아냅니다.

요한복음 16장

21 여자가 해산하게 되면 그 때가 이르렀으므로 근심하
나 아기를 낳으면 세상에 사람 난 기쁨으로 말미암아
그 고통을 다시 기억하지 아니하느니라

거리에 다니는 사람들의 발걸음...
모두 당연한 줄로만 알았습니다.
누군가의 해산의 고통이 있었듯,
세상에 존귀하지 않은 생명은 없습니다.
호흡을 불어넣어주신 하나님께 감사드립니다.

요한복음 15장

16 너희가 나를 택한 것이 아니요 내가 너희를 택하여 세
   웠나니 이는 너희로 가서 열매를 맺게 하고...

때론 나의 처한 상황이 맘에 들지 않지요;;
하지만 예수님께로 가면 길이 있습니다.
순종한다면 결국 우리로 열매를 맺게 하실 겁니다.

고린도후서 8장

20 이것을 조심함은 우리가 맡은 이 거액의 연보(헌금)에
   대하여 아무도 우리를 비방하지 못하게 하려 함이니
21 이는 우리가 주 앞에서뿐 아니라 사람 앞에서도 선한
   일에 조심하려 함이라

하나님께서 맡기신 돈은,
두렵고 떨림으로 조심하여 사용해야 합니다.
그것은 교회 헌금이든 가정 경제이든 마찬가지입니다.

마태복음 6장

33 그런즉 너희는 먼저 그의 나라와 그의 의를 구하라 그
리하면 이 모든 것을 너희에게 더하시리라

일의 순서를 바꾸는 게 아무것도 아닌 일 같으나
나도 모르게 중요한 일을 미루는 오류를
항상 범합니다.
먼저 할 것과 나중에 할 것을 구분하는 것이
지혜입니다.

고린도후서 10장

18 옳다 인정함을 받는 자는 자기를 칭찬하는 자가 아니
요 오직 주께서 칭찬하시는 자니라

자화자찬은 본인의 정신건강에만 좋을 뿐,
주변을 불편하게 하지요.
타인이 칭찬하는 것이 진짜 칭찬이고,
칭찬의 최고봉은 주께서 칭찬하시는 자입니다.

잠언 23장

22 너를 낳은 아비에게 청종하고 네 늙은 어미를 경히 여기지 말지니라

열심히 사느라 사랑에 서툴렀던 부모님.
혹 부모님에 대한 섭섭한 마음 있다면 용서하시고
우리도 좋은 부모가 되도록 노력합시다.

사도행전 3장

19 그러므로 너희가 회개하고 돌이켜 너희 죄 없이 함을 받으라 이같이 하면 새롭게 되는 날이 주 앞으로부터 이를 것이요

예수님 제자 베드로와 가룟 유다의 공통점은
둘 다 예수님을 배반한 이력이 있습니다.
하지만 베드로는 후회하며 곧 회개하였고,
가룟 유다는 후회하며 자살하였지요.
같은 후회이지만 결과는 너무나 달랐습니다.
나는 날마다 회개하며 주께로 가고 있습니까?
끝없이 후회하며 어두움을 향해 가고 있습니까?

마태복음 12장

34 독사의 자식들아 너희는 악하니 어떻게 선한 말을 할
수 있느냐 이는 마음에 가득한 것을 입으로 말함이라

사랑의 예수님이시지만
모든 사람을 사랑하신 건 아니었습니다.
말씀을 방패 삼아 사리사욕을 채우는 종교인을
무척 싫어하시며 욕하시네요.;;
나도 하나님 사랑을 빌미로
내 욕심을 채우고 있지 않나 돌아봅니다.

고린도후서 12장

9 나에게 이르시기를 내 은혜가 네게 족하도다 ...

흰 도화지에 점이 찍혀있을 때,
점에 집중하는 사람과 나머지 여백을 보는
사람이 있습니다.
고난에 집중하면
세상에서 내가 제일 불쌍한 사람이 되고,
은혜에 집중하면 감사가 넘칩니다.

베드로전서 5장

7 너희 염려를 다 주께 맡기라 이는 그가 너희를 돌보심
이라

> 부모 앞에서 한숨 쉬면 불효랍니다.
> 그렇다면 하나님 앞에서 한숨 쉬는 것,
> 그건 불신앙이 아닐까요?

이사야 48장

17 너희의 구속자(구원자)시요 이스라엘의 거룩하신 이
이신 여호와께서 이르시되 나는 네게 유익하도록 가
르치고 너를 마땅히 행할 길로 인도하는 네 하나님 여
호와라

> 온 세상의 주인은 하나님이십니다.
> 아무리 없다 없다 해도 주께서 찾으시면 있고,
> 아무리 있다 있다 해도 주께서 막으시면
> 내 것이 아닙니다.

로마서 6장

16 너희 자신을 종으로 내주어 누구에게 순종하든지 그
   순종함을 받는 자의 종이 되는 줄을 너희가 알지 못하
   느냐 혹은 죄의 종으로 사망에 이르고 혹은 순종의 종
   으로 의에 이르느니라

가수 김〇〇의 <아름다운 구속>이라는
노래가 있지요.
사랑하는 이의 종이 되는 것만큼
자발적인 구속이 있을까요?
하지만 무엇의 종이 되느냐의 결과는 확연히 다릅니다.
나는 죄의 종입니까?
(하나님께) 순종의 종입니까

잠언 20장

22 너는 악을 갚겠다 말하지 말고 여호와를 기다리라 그
   가 너를 구원하시리라

우리는 단번에, 지금 당장! 문제가 해결되기를
기도하지만, 하나님께서는 때로 '시간'이라는
약을 처방하실 때가 있습니다.

베드로전서 3장

21 물은 예수 그리스도께서 부활하심으로 말미암아 이제
너희를 구원하는 표니 곧 세례라...

세례(침례)는 예수님을 구주로 영접한 사람이
그 믿음을 고백하는 예식이고,
곧 예수님과의 결혼식이라 할 수 있습니다.
세례(침례)를 받고도 그 믿음 안에 살지 않는 것은
마치 결혼하고도 외도하는 것과 같습니다.

야고보서 1장

23 누구든지 말씀을 듣고 행하지 아니하면 그는 거울로
자기의 생긴 얼굴을 보는 사람과 같아서...

거울을 보고 매무새를 고치지 않는다면
거울을 보는 의미가 없겠지요.
하나님 말씀을 들을 때 자신의 죄를 보고
회개의 기회를 놓치지 않길 바랍니다.

잠언 25장

4 은에서 찌꺼기를 제하라 그리하면 장색(목수)의 쓸 만
   한 그릇이 나올 것이요

금수저, 은수저를 부러워하나 정작 쓰임 받는 도구는
목적에 맞는 도구입니다.
겉모습보다 질(quality)로 승부하는
명품인생을 삽시다.

시편 32편

1 허물의 사함을 받고 자신의 죄가 가려진 자는 복이 있
   도다

죄가 드러난 사람은 세상 불쌍한 사람이고
안 들킨 사람은 행운이겠지요.
하지만 가장 복 있는 사람은
그 죄를 용서받은 사람입니다.

갈라디아서 3장

24 이같이 율법(말씀)이 우리를 그리스도께로 인도하는
초등교사가 되어 우리로 하여금 믿음으로 말미암아
의롭다 함을 얻게 하려 함이라

병을 진단하려면
검사 도구(피검사, 엑스레이...)가 필요하듯
하나님의 말씀은 우리의 죄를 알게 하시고
구원받는 길로 인도하십니다.

갈라디아서 5장

13 형제들아 너희가 자유를 위하여 부르심을 입었으나
그러나 그 자유로 육체의 기회를 삼지 말고 오직 사랑
으로 서로 종 노릇 하라

많은 복을 받고도 하나를 포기하지 못해
패가망신하는 사람들을 흔히 봅니다.
자유에는 책임이 따르고
기준이 있을 때 비로소 돌아올 곳이 있습니다.

로마서 5장

1   그러므로 우리가 믿음으로 의롭다 하심을 받았으니
우리 주 예수 그리스도로 말미암아 하나님과 화평을
누리자

돈이 많아서도 성격이 낙천적이어도
평화를 얻을 수 없습니다.
인간 두려움의 근원인 죄의 문제를 해결해 주신 예수님.
그분이 다리(bridge)가 되어
우리를 하나님께로 건너가게 하시고
그곳에 비로소 평화가 있습니다.

시편 117편

2   우리에게 향하신 여호와의 인자하심이 크시고 여호와
의 진실하심이 영원함이로다 할렐루야

별의별 일이 많은 세상에서
별일 없이 지나가는 것도 감사한 일입니다.
무슨 대단한 일이 일어나는 것도 기적이지만,
아무 일 없이 지나가는 것은 더 큰 기적입니다.

에베소서 4장

13 우리가 다 하나님의 아들을 믿는 것과 아는 일에 하나가 되어 온전한 사람을 이루어 그리스도의 장성한 분량이 충만한 데까지 이르리니

아기가 태어나 잘 자란다는 것은 먹고 자고 싸고...
기본적인 사이클의 선순환입니다.
신앙생활도 믿음의 고백과 함께
하나님의 뜻을 알려는 노력이 우리를 자라게 합니다.

신명기 6장

6 오늘 내가 네게 명하는 이 말씀을 너는 마음에 새기고...

오늘 운동을 하지 않았다고 당장 어제와 큰 차이가
없을지 모르나 몇 달을 몇 년을 쉰다면
어느새 내 몸은 그 대가를 치르게 되겠지요.
말씀을 멀리한 하루, 이틀...
당장 큰일은 안 일어날지 모르나
몇 달 후 몇 년 후 내 영혼은
황폐한 잡초 속에 발견될지도 모릅니다.

로마서 12장

2 너희는 이 세대를 본받지 말고 오직 마음을 새롭게 함
으로 변화를 받아 하나님의 선하시고 기뻐하시고 온
전하신 뜻이 무엇인지 분별하도록 하라

코로나 기간 동안 집에 머무는 시간이 많아지면서
냉장고 파먹기가 대세였지요.
무분별한 음식 저장 회개, 유통기한 점검 등등...
좋은 기회가 되었던 것 같습니다.
이처럼 우리 삶도 내가 잘 가고 있나...
점검의 시간을 갖는 것이 좋습니다.

시편 19편

7 여호와의 율법은 완전하여 영혼을 소성시키며 여호와
의 증거는 확실하여 우둔한 자를 지혜롭게 하며

식사 후 바로 물속에 담가두지 않은 밥그릇은
설거지할 때 애를 먹이지요.
하나님 말씀(물) 속에 늘 담가져 있는 사람은
어떤 형편에든 살아낼 용기를 얻습니다.

로마서 13장

8 피차 사랑의 빚 외에는 아무에게든지 아무 빚도 지지
말라...

갚아야 할 돈보다
갚아야 할 사랑만 넘치게 하소서!

고린도전서 13장

사랑은...
5 ...악한 것을 생각하지 아니하며...
6 불의를 기뻐하지 아니하며...

악한 것도 순환하고 선한 것도 순환합니다.
나는 악순환 기차에 탔나요?
선순환 기차에 타고 있나요?

시편 143편

8 아침에 나로 하여금 주의 인자한 말씀을 듣게 하소서
내가 주를 의뢰함이니이다 내가 다닐 길을 알게 하소
서 내가 내 영혼을 주께 드림이니이다

아침에 일어날 때 기분 좋은 날이
과연 몇 날이나 될까요(여행 가는 날 빼고 없지요)
그래도 꾸역꾸역 매일매일 하나님 의지할 때,
나의 다닐 길을 인도해 주실 것입니다.

시편 68편

19 날마다 우리 짐을 지시는 주 곧 우리의 구원이신 하나
님을 찬송할지로다

어쩌다 결심할 수 있고 한두 번은 시도할 수 있습니다.
그러나 세상에서 제일 어려운 일은...
'날마다' 그것을 하는 것입니다.
우리를 향해 늘 성실하신 주님을 찬양합니다.

예레미야 29장

7 너희는 내가 사로잡혀 가게 한 그 성읍의 평안을 구하고 그를 위하여 여호와께 기도하라 이는 그 성읍이 평안함으로 너희도 평안할 것임이라

맘에 들지 않는 환경일지라도
심지어 포로로 잡혀간 상황일지라도
그곳을 위해 기도하라 하십니다.
내가 속한 나라, 사회, 직장, 가정을 위한 기도가
곧 나를 살리는 기도입니다.

고린도후서 1장

4 우리의 모든 환난 중에서 우리를 위로하사 우리로 하여금 하나님께 받는 위로로써 모든 환난 중에 있는 자들을 능히 위로하게 하시는 이시로다

그 누가 내 고통을 알아
능히 위로할 수 있겠습니까?
다만 하나님께 받은 위로로
서로를 위로할 수 있습니다.

요한복음 10장

27 내 양은 내 음성을 들으며 나는 그들을 알며 그들은 나를 따르느니라

많은 무리들 가운데서도
부모는 아이를 구별하여 찾아내고,
아이는 부모의 음성을 구별하여 듣습니다.
세상 염려가 성벽처럼 우리를 둘러싸도
목자 되신 주님의 음성에 집중하시기 바랍니다.

전도서 11장

9 청년이여 네 어린 때를 즐거워하며 네 청년의 날들을 마음에 기뻐하여 마음에 원하는 길들과 네 눈이 보는 대로 행하라 그러나 하나님이 이 모든 일로 말미암아 너를 심판하실 줄 알라

처음부터 쾌락에 빠지지 않습니다.
처음엔 그저 행복하고 싶어서 보암직, 먹음직,
탐스러운 것들로 삶의 바구니를 채우지요.
행복을 추구하였으나 어느새 쾌락에 빠지는 인간의
연약함. 우리가 하나님을 의지해야 하는 이유입니다.

누가복음 22장

39 예수께서 나가사 습관을 따라 감람산에 가시매 제자
들도 따라갔더니

'미라클 모닝'이라는 말이 유행하면서 나름의
루틴(routine)을 정하여 실천하는 사람들이
많아졌습니다.
예수님의 루틴은 기도였고 그의 제자들은 따라갔지요.
나의 루틴은 무엇이며 누구를 따르고 있나요?

이사야 65장

2   내가 종일 손을 펴서 자기 생각을 따라 옳지 않은 길을
걸어가는 패역한 백성들을 불렀나니

세상에 죄가 가득함을 보며 우리는 한탄하고
이제는 망했다고 포기하지만,
하나님께서는 여전히 돌아오라고 부르고 계십니다.

야고보서 5장

7 그러므로 형제들아 주께서 강림(하늘에서 내려오심) 하시기까지 길이 참으라 보라 농부가 땅에서 나는 귀한 열매를 바라고 길이 참아 이른 비와 늦은 비를 기다리나니

고속도로가 무조건 직선이 아닌 것은
졸음을 방지하기 위해서라고 합니다.
답답한 대로에서 빨간불에 정지해 서있을 때,
비로소 옆을 바라볼 여유를 찾지요
초록불이 무조건 축복이 아님을 기억해야 합니다.
막혔을 때는 막으신 이유가 있을 겁니다.

신명기 32장

46 ...내가 오늘 너희에게 증언한 모든 말을 너희의 마음에 두고 너희의 자녀에게 명령하여 이 율법의 모든 말씀을 지켜 행하게 하라

부모의 신앙이 자녀에게 자동으로 유전된다면
얼마나 좋을까요?
그러나 안타깝게도 유전이 되지 않습니다.
다만 기도하며 부지런히 가르쳐
똑똑한 아파트 한 채보다
신앙의 유산을 남겨주는 부모가 됩시다.

시편 55편

22 네 짐을 여호와께 맡기라 그가 너를 붙드시고 의인의 요동함을 영원히 허락하지 아니하시리로다

예배드릴 때 짐을 맡겼다가
예배 끝나면 도로 찾아가시나요?
하나님은 물품 보관함이 아닌
우리의 참 아버지이십니다.

누가복음 15장

4   너희 중에 어떤 사람이 양 백 마리가 있는데 그 중의
하나를 잃으면 아흔아홉 마리를 들에 두고 그 잃은 것
을 찾아내기까지 찾아다니지 아니하겠느냐

목자가 매일 양을 세지 않았다면,
한 마리쯤은 잃어버린 줄도 몰랐을 것입니다.
목자되신 주님은 그렇게 성실하게
매일 양들을 보고 계셨습니다.
나도 그 양 중의 하나입니다.

누가복음 16장

10   지극히 작은 것에 충성된 자는 큰 것에도 충성되고 지
극히 작은 것에 불의한 자는 큰 것에도 불의하니라

우리는 기도할 때,
비교적 큰 것을 달라고 할 때가 많지요.
그러나 하나님께서는 지극히 작은 것을 대하는
나의 태도에서 이미 나의 중심을 보고 계십니다.

역대하 20장

12 ...우리를 치러 오는 이 큰 무리를 우리가 대적할 능력
이 없고 어떻게 할 줄도 알지 못하옵고 오직 주만 바라
보나이다

버스 안에서 뛴다고 빨리 갈 수 있나요?
아무것도 할 수 없을 때는
그저 하나님만 바라보아야 합니다.

시편 50편

15 환난 날에 나를 부르라 내가 너를 건지리니 네가 나를
영화롭게 하리로다

도무지 기도가 나오지 않을 때.
그때가 가장 기도가 필요한 때입니다.
두 팔 벌려 기다리시는 하나님께
내 마음을 드리시기 바랍니다.

마태복음 25장

29 무릇 있는 자는 받아 풍족하게 되고 없는 자는 그 있는
   것까지 빼앗기리라

영적인 세계에도 빈익빈 부익부 현상이 존재합니다.
사모할수록 더 은혜를 경험하게 되고
거부할수록 나의 영혼은 피폐해집니다.

잠언 2장

4 은을 구하는 것 같이 그것을 구하며 감추어진 보배를
   찾는 것 같이 그것을 찾으면
5 여호와 경외하기를 깨달으며 하나님을 알게 되리니

공짜로 하는 운동,
지나치게 싸게 등록한 헬스는 오래 하지 못합니다.
'내 돈 내산'이 자랑스런 이유는 제값을 치른
'내 것'이기 때문이지요.
하나님을 알기 위해 내 믿음을 지키기 위해
과연 어떤 노력을 하고 있나요.

시편 146편

3 귀인(지위가 높은 사람)들을 의지하지 말며 도울 힘이
없는 인생도 의지하지 말지니

우리는 이 좁은 땅덩어리 안에서도
학연, 지연, 선후배, 고향, 인맥, 라인... 등
수많은 도움의 줄을 믿고 의지하고 놓치지 않으려고
애를 씁니다.
이에 인생이 얼마나 피곤하게 되는지요.
하지만 삶의 도움이 하나님께로부터 옴을 믿는다면,
그분이 주시는 평안도 함께 누리게 됩니다.

잠언 25장

13 충성된 사자(신하)는 그를 보낸 이에게 마치 추수하는
날에 얼음 냉수 같아서 능히 그 주인의 마음을 시원하
게 하느니라

무대에는 배우가 없으며
노동 현장에는 일할 사람이 없다고 합니다.
사람이 없는 게 아니라 '일꾼'이 없다는 뜻이겠지요.
자리만 차지하는 사람이 아니라
진짜 일할 사람, 지혜로운 사람이 되어
발탁되는 인생이 되면 좋겠습니다.

양파는 양파껍질 속에 보호되어 있고,
우리는 하나님의 사랑 안에
보호되어 있습니다.

" 그의 진실함은 방패와 손 방패가 되나니" (시편 91:4)

Part_2

우리의 방패

우리가 법을 지키는 것 같으나
사실은 법이 우리를 지켜줍니다.
우리가 하나님 말씀 지키기 어렵다고 생각되나
사실은 말씀이 우리를 지켜줍니다.

시편 143편

8   아침에 나로 하여금 주의 인자한 말씀을 듣게 하소서
    내가 주를 의뢰함이니이다 내가 다닐 길을 알게 하소
    서 내가 내 영혼을 주께 드림이니이다

아무도 나의 다닐 길을 인도하며
끝까지 책임지지 않습니다.
오직 나의 구원자, 인도자이신 하나님을 인정하며
내 영혼을 드려야 합니다.

느헤미야 9장

31 주의 크신 긍휼(불쌍히 여김)로 그들을 아주 멸하지 아
    니하시며 버리지도 아니하셨사오니 주는 은혜로우시
    고 불쌍히 여기시는 하나님이심이니이다

하나님께서 봐주시지 않았으면
오늘의 내가 과연 존재할까요?
깊은 수렁에서 건져주신
하나님의 은혜 감사드립니다.

로마서 16장

19 ...너희가 선한 데 지혜롭고 악한 데 미련하기를 원하노라

지혜가 무조건 좋은 것은 아닙니다.
명석한 두뇌로 사람을 등쳐먹는 일들이
얼마나 많은지요.
선한 목적을 위해 지혜를 사용하는 것이 중요하며
그래서 더욱 주님 앞에 겸손해야 합니다.

잠언 4장

7 지혜가 제일이니 지혜를 얻으라 네가 얻은 모든 것을
가지고 명철(총명)을 얻을지니라

지식을 쌓기 위해
학교, 학원, 과외 등 교육을 받지만,
지혜를 얻기 위해서는 어떤 노력을 하고 있나요?
비록 자격증도 없고 학위도 없으나
우리를 살리는 것은 지혜이고
그 지혜는 하늘로부터 옵니다.

시편 19편

7 여호와의 율법은 완전하여 영혼을 소성시키며 여호와
   의 증거는 확실하여 우둔한 자를 지혜롭게 하며

지식을 가르치는 사람을 선생이라 하고
지혜의 본이 되는 사람을 스승이라고 한답니다.
삶의 여정마다 지식이 우리를 인도하는 것 같지만,
고비마다 결정의 순간엔 참 지혜가 필요하지요.
하나님의 말씀은 우리가 따를 참 지혜입니다.

시편 118편

22 건축자가 버린 돌이 집 모퉁이의 머릿돌이 되었나니...

손해와 이익을 따져 기우는 쪽으로
결정하는 것이 세상의 지혜입니다.
폐차 직전의 자동차를 이리저리 살펴보며
어떻게든 살리고자 애쓰는 사람이 있다면,
어리석은 낭비라고 말하겠지요.
하지만 나를 향한 하나님의 사랑이 바로 그렇습니다.

신명기 5장

15 너는 기억하라 네가 애굽(이집트) 땅에서 종이 되었더
니 네 하나님 여호와가 강한 손과 편 팔로 거기서 너를
인도하여 내었나니...

인생에 누구나 전쟁 같은 포로 같은 시절이
있을 수 있지요.
그러나 오늘의 내가 있음은 주님의 은혜이고,
날마다 그것을 기억해야 합니다.

시편 30편

5 그의 노염은 잠깐이요 그의 은총은 평생이로다 저녁
에는 울음이 깃들일지라도 아침에는 기쁨이 오리로다

노염과 용서, 잠깐과 평생, 저녁과 아침, 울음과 기쁨...
반복되는 일상 같지만
그 안에는 하나님의 기다리심과 회복의 은혜가
있습니다.
매번 새롭게 시작되는 하루, 한 달, 일 년...
하나님께서는 다시 한번 출발선을 그어주시고
기회를 주십니다.

사사기 16장

22 그의 머리털이 밀린 후에 다시 자라기 시작하니라

힘의 상징 '삼손'이 머리털이 밀린 후 힘을 잃어
눈이 뽑히고 조롱거리가 되었을 때에도...
머리털은 다시 자라고 있었습니다.
앞이 보이지 않는 절망의 순간에도
하나님은 일하시며 살 소망을 주십니다.

잠언 6장

27 사람이 불을 품에 품고서야 어찌 그의 옷이 타지 아니
하겠으며
28 사람이 숯불을 밟고서야 어찌 그의 발이 데지 아니하
겠느냐

사람들은 죄도 무서워하지 않고
하나님도 개이치 않습니다.
그러나 성도는 하나님을 두려워하고
죄도 무서운 줄 알아야 합니다.

요한복음 6장

55 내 살은 참된 양식이요 내 피는 참된 음료로다

밥을 든든히 먹은 사람은
간식을 적게 먹든지 조절할 수 있으나
간식으로 이미 배부른 사람은
밥을 거들떠보지 않습니다.
하나님의 말씀으로 먼저 채우시기 바랍니다.
우선순위가 바뀔 때 영적으로 병들게 됩니다.

전도서 5장

10 은을 사랑하는 자는 은으로 만족하지 못하고 풍요를
사랑하는 자는 소득으로 만족하지 아니하나니 이것도
헛되도다

이것만 있으면 행복하겠다 저것만 있으면
소원이 없겠다 말하지만,
정작 그것을 가진 사람은
그것을 잃어버릴까봐 불안해하며 삽니다.
결국 사람에겐 만족이 없습니다.

잠언 6장

23 대저 명령은 등불이요 법은 빛이요 훈계의 책망은 곧
생명의 길이라

우리가 법을 지키는 것 같으나
사실은 법이 우리를 지켜줍니다.
우리가 하나님 말씀 지키기 어렵다고 생각되나
사실은 말씀이 우리를 지켜줍니다.

누가복음 22장

39 예수께서 나가사 습관을 따라 감람산에 가시매 제자
들도 따라갔더니....

'습관적으로'라는 말은 내 몸에 배었다는 뜻입니다.
습관이라는 틀이 있어야
그 안에 뭐라도 담을 수 있고,
아무리 내용물이 좋아도 틀이 없으면
다 흘러내리고 말지요.
오늘부터 내가 만들어야 할 습관은 무엇입니까?

히브리서 9장

27 한번 죽는 것은 사람에게 정해진 것이요 그 후에는 심판이 있으리니

왜 사람들은 한정판에 열광할까요?
언제든지 살 수 있는 건
그들에게 매력이 없기 때문이지요.
인생도 마냥 살(live) 수 있는 것이라면
당신 마음대로 살라 하겠지만,
아쉽게도 인생은 끝이 있는
limited edition(한정판)입니다

시편 119편

105 주의 말씀은 내 발에 등이요 내 길에 빛이니이다

오래된 것이 다 좋은 것은 아닙니다.
김치도 잘 익으면 맛있게 먹을 수 있으나
썩으면 버려야지요.
성경은 오래된 하나님의 말씀이지만,
오늘도 나를 살리는 생명의 말씀입니다.

아가 2장

10 나의 사랑하는 자가 내게 말하여 이르기를 나의 사랑,
    내 어여쁜 자야 일어나서 함께 가자

뜨거운 여름에도 손을 꼭 잡고 걷는
연인을 보았습니다.
추운 겨울인데 서로 멀찍이 걷는 가족도 있지요.
문제는 환경이 아니라 마음이라는 생각이 듭니다.
하나님은 오늘도 나에게 '함께 가자' 말씀하시네요.

잠언 5장

13 충성된 사자는 그를 보낸 이에게 마치 추수하는 날에
    얼음 냉수 같아서 능히 그 주인의 마음을 시원하게 하
    느니라

주부는 워킹맘을 꿈꾸고
워킹맘은 집에 들어앉는 게 소원입니다.
저마다 할 수 없는 것 때문에 우울해지나
저마다 '지금 이 순간' '지금 여기' 이곳을
발령지로 여기고 충성하시기 바랍니다.

이사야 41장

10 두려워하지 말라 내가 너와 함께 함이라 놀라지 말라
나는 네 하나님이 됨이라 내가 너를 굳세게 하리라 참
으로 너를 도와주리라 참으로 나의 의로운 오른손으
로 너를 붙들리라

코로나 이후에 가장 많이 읽힌 성경 구절이라고 합니다.
세상에 어느 누가 감히 '넌 나만 믿어'라고
말할 자가 있을까요?
오직 나를 지으시고 사랑하시는
하나님 한 분뿐이십니다.

시편 31편

14 여호와여 그러하여도 나는 주께 의지하고 말하기를
주는 내 하나님이시라 하였나이다

긴 병에 효자 없고 연애도 길면 헤어지기 쉽습니다.
끝이 보이지 않게 길어지는 낙심으로 인해
나도 모르게 원망과 불신이 스멀스멀 올라올 때,
이때가 진짜 믿음이 필요한 때입니다.

다니엘 6장

10 다니엘이 이 조서에 왕의 도장이 찍힌 것을 알고도 자기 집에 돌아가서는 윗방에 올라가 예루살렘으로 향한 창문을 열고 '전에 하던 대로' 하루 세 번씩 무릎을 꿇고 기도하며 그의 하나님께 감사하였더라

다니엘은 포로로 잡혀간 타국에서 발탁된 영재입니다.
자기 나라도 아닌 남의 나라에서,
'전에 하던 대로' 하나님께 기도하며
감사하는 루틴(routine)을 가진 다니엘.
그가 환난 중에 살아낼 수 있었던 이유입니다.
나는 어떤 루틴을 가지고 오늘을 살아내고 있나요?

에스겔 18장

30 ...너희는 돌이켜 회개하고 모든 죄에서 떠날지어다 그리한즉 그것이 너희에게 죄악의 걸림돌이 되지 아니하리라

상처 치료의 기본은 환부를 긁어내고 씻어
깨끗하게 한 후, 약을 바르든 꿰매든 하는 것입니다.
기독교에서 회개를 강조하는 이유도 그것입니다.

요한복음 8장

12 예수께서 또 말씀하여 이르시되 나는 세상의 빛이니
  나를 따르는 자는 어둠에 다니지 아니하고 생명의 빛
  을 얻으리라

방 안의 어두움을 몰아내는 길은
어두움과 맞서 싸우는 것이 아니라
방 안에 불을 켜는 것입니다.
내가 해결할 수 없는 죄와 두려움, 불안 등...
인생의 어두움은 오직 빛이신 예수님이 들어오셔야
물러갑니다.

시편 27편

8 너희는 내 얼굴을 찾으라 하실 때에 내가 마음으로 주
께 말하되 여호와여 내가 주의 얼굴을 찾으리이다 하
였나이다

코로나 팬데믹 시기에
거리 두기 단계에 따라 대면예배의 허용범위가
오르락내리락했었지요.
하지만 성도에게 대면 예배는 있어도
비대면 예배는 없습니다.
예배는 하나님을 찾고 그분을 만나는(대면)
시간이기 때문입니다.
하나님과 대면하는 예배로 나아가시기 바랍니다.

시편 128편

2 네가 네 손이 수고한 대로 먹을 것이라 네가 복되고 형
통하리로다

세상에서는 불로소득을 복이라 하지만
하나님께서는 성실히 일하는 자를 귀히 보십니다.

시편 17편

8 나를 눈동자 같이 지키시고 주의 날개 그늘 아래에 감
추사...

항거할 수 없을 만큼 큰일이 닥쳤을 때,
소리 지를 힘도 없을 때,
내가 할 수 있는 일은 그저 주께 피하는 것입니다.

요한복음 6장

68 시몬 베드로가 대답하되 주여 영생의 말씀이 주께 있
사오니 우리가 누구에게로 가오리이까

수익률 높은 곳으로, 돈이 되는 곳으로
마음이 끌리는 게 세상 이치입니다.
신앙의 중심이 돈에 있다면 시세에 따라
갈팡질팡하겠지요.
예수님께 나올 때 오직 말씀을 구하는
우리가 되길 원합니다.

잠언 27장

7 배부른 자는 꿀이라도 싫어하고 주린 자에게는 쓴 것
  이라도 다니라

너무 많아서 흔해서 귀한 줄 모르고
지나치는 것은 없는지요.
혹은 헛된 갈급함으로 아무거나 주워 먹고
탈이 나지는 않은지요.
감사와 분별력은 어느 때에든 나를 살리는 지혜입니다.

이사야 49장

16 내가 너를 내 손바닥에 새겼고 너의 성벽이 항상 내 앞
  에 있나니 ...

CCTV로 범인을 잡고 시시비비를 가리기도 하나
사각지대는 늘 존재합니다.
하지만 하나님 앞에는 숨을 자가 없으니
나 또한 그렇습니다.

시편 143편

8 아침에 나로 하여금 주의 인자한 말씀을 듣게 하소서
내가 주를 의뢰함이니이다 내가 다닐 길을 알게 하소
서 내가 내 영혼을 주께 드림이니이다

식사를 규칙적으로 하는 사람이 건강할까요,
배고플 때마다 입이 심심할 때마다
먹는 사람이 건강할까요?
먹기 싫어도 또는 입맛이 없어도
규칙적으로 먹는 사람이 건강합니다.
정한 시간에 드리는 예배, 매일 말씀 묵상...
아무것도 아닌 것 같으나
나의 영혼을 건강하게 만듭니다.

요한복음 14장

1   너희는 마음에 근심하지 말라 하나님을 믿으니 또 나
    를 믿으라

갓난 아이가 이 세상에 태어나서
스스로 계획을 짜지 않고
부모의 플랜(plan)에 따라 자라듯,
하나님은 나를 향한 뜻과 계획이 있으십니다.
아기가 배고프거나 불편하면 고민하지 않고 울 듯이,
무엇이 불편하십니까? 하나님 앞에 우십시오.

에베소서 2장

10 우리는 그가 만드신 바라 그리스도 예수 안에서 선한
    일을 위하여 지으심을 받은 자니...

모든 물건에는 목적이 있고 용도가 있듯
우리는 선한 목적으로 지음 받은 하나님의 작품입니다.
나침반 바늘을 억지로 돌린다고 돌아가지 않듯
내 삶의 방향은 하나님께로 향하는 것이
가장 자연스럽습니다.

시편 124편

7 우리의 영혼이 사냥꾼의 올무에서 벗어난 새 같이 되었나니 올무가 끊어지므로 우리가 벗어났도다

새가 스스로 올무를 끊고 나올 수 없듯이
우리는 죄의 문제를 스스로 해결할 수 없습니다.
예수 그리스도를 통해 죄의 올무에서
우리를 구원하시고 참자유를 주신 하나님께
감사드립니다.

출애굽기 34장

21 너는 엿새 동안 일하고 일곱째 날에는 쉴지니 밭 갈 때에나 거둘 때에도 쉴지며...

밤에 잘 자야 낮에 일할 힘을 얻고
낮에 열심히 일해야 꿀잠을 잘 수 있습니다.
일과 쉼, 그 균형을 찾는 것도
하나님께서 내게 허락하신 삶의 지혜요 책임입니다.

에베소서 4장

13 우리가 다 하나님의 아들을 믿는 것과 아는 일에 하나가 되어 온전한 사람을 이루어 그리스도의 장성한 분량이 충만한 데까지 이르리니...

무조건 크다고 다 좋은 것은 아닙니다.
속이 알차지 않은 성장은 골다공증 뼈처럼
위태롭기 짝이 없지요.
하나님을 믿되 무모한 믿음이 아닌 그분의 뜻을
추구하는 성숙한 성도가 되어야 합니다.
성장과 성숙, 그 균형이 중요합니다.

시편 28편

7 여호와는 나의 힘과 나의 방패이시니 내 마음이 그를 의지하여 도움을 얻었도다 그러므로 내 마음이 크게 기뻐하며 내 노래로 그를 찬송하리로다

아버지가 부자시고
어머니가 커리어 우먼이라고 해서
자녀가 부모를 존경하지는 않습니다.
능력 있음과 존경은 다른 문제이지요.
하나님이 계신 것도 알고 그분의 능력도 인정하지만
내가 그분을 찬송하지 않는다면...
나는 하나님을 믿는 게 아닐 겁니다.

전도서 10장

10 철 연장이 무디어졌는데도 날을 갈지 아니하면 힘이
더 드느니라 오직 지혜는 성공하기에 유익하니라

먼 곳을 보며 걷다가
정작 발앞에 돌을 보지 못해 채이는 경우가 있고,
땅만 보고 걷다가 기둥에 부딪히는 경우가 있습니다.
목표를 향하여 큰 걸음을 내딛는 것은 중요하지만
소소한 내 발밑도 살피는 것이 지혜이지요.
오늘 내가 바라봐야 할 중대한 목표와
놓치지 말아야 할 작은 요소는 무엇일까요?

누가복음 12장

20 하나님은 이르시되 어리석은 자여 오늘 밤에 네 영혼
을 도로 찾으리니 그러면 네 준비한 것이 누구의 것이
되겠느냐 하셨으니

아프가니스탄, 미얀마 사태처럼 국가의 위기가
나의 생명을 위협하지 않는다 할지라도
우리 모두의 생명은 유한(有限)합니다.
오늘 하루를 선물받았을 뿐
아무도 내일을 장담할 수 없지요.
오늘을 책임 있게 살되
준비해야 할 것을 준비하는
지혜자가 되어야겠습니다.

잠언 14장

24 지혜로운 자의 재물은 그의 면류관이요 미련한 자의
소유는 다만 미련한 것이니라

칼이 셰프의 손에 잡히면 맛있는 요리가 탄생하지만
어린아이의 손에선 위험천만,
악한 자의 손에선 남을 찌르는 무기가 됩니다.
우리는 복받기 원하지만
내가 받을 만한 그릇이 되어있지 않으면
재물도, 건강도, 명예도 언제든지 무기가 될 수 있지요.
하나님께서 믿고 맡기실 만한 지혜자가 되기
원합니다.

에베소서 1장

23 교회는 그의 몸이니 만물 안에서 만물을 충만하게 하
시는 이의 충만함이니라

몸이 중하냐 세포가 중하냐...
몸이 먼저라면 집단을 위해 개인이 충성해야겠고,
세포가 중요하다면 개개인의 목소리를
무시할 수 없지요
둘 다 중요하지만...
감히 세포는 몸에 붙어있어야
생명이 있다고 말하고 싶습니다.
따로 떨어져 혼자 예배드릴 수 있으나,
믿음의 공동체, 교회에 속하여
신앙생활하시기 바랍니다.
교회는 예수님의 몸이기 때문입니다.

요한복음 17장

4 아버지께서 내게 하라고 주신 일을 내가 이루어 아버지를 이 세상에서 영화롭게 하였사오니..

잘(well) 사는 사람은
부자(rich)로 사는 사람이 아니라
주어진 사명대로
살아내는 사람인 것 같습니다.
가장 잘 살고 가신 분은 예수님이십니다.
33세로 단명하셨으나
하나님의 뜻을 '다 이루고' 가셨기 때문입니다.

누가복음 15장

1 모든 세리(세무공무원)와 죄인들이 말씀을 들으러 가
    까이 나아오니

모든 행사에는 무대에 서서 나타나는 자와
뒤에서 챙겨주지만 보이지 않는(보여서는 안되는)
스텝들이 있습니다.
일은 스텝들에 의해 진행되는 것이 많으나
주로 칭찬은 무대에 선 자가 받게 되죠.
내가 보이지 않는 스텝이라고 서러워하지 마세요.
예수님은 죄인과 소외된 자들의
친구가 되어 주셨습니다.

요한계시록 3장

20 볼지어다 내가 문 밖에 서서 두드리노니 누구든지 내
    음성을 듣고 문을 열면 내가 그에게로 들어가 그와 더
    불어 먹고 그는 나와 더불어 먹으리라

어느 나라든 조직이든 왕은 하나여야 합니다.
왕이 둘이면 다투게 되고 나뉘게 되고
갈라서게 됩니다.

예수님을 구주로 영접한다는 것은
예수님을 내 삶에 왕으로 모신다는 고백입니다.
지금 내 마음속은 두 왕으로 분쟁 중이 아닌지요?
내가 왕이고 예수님을 종으로 부리고 있습니까?
아니면 왕이신 예수님께 순종하고 있습니까?

시편 37편

28 하나님께 가까이 함이 내게 복이라 내가 주 여호와를
나의 피난처로 삼아 주의 모든 행적을 전파하리이다

골골 80이라는 말이 있습니다.
자신의 연약함을 아는 분들은 병원을 가까이 하고
정기적으로 점검하며 오히려 오래 사시나,
감기 한번 안 걸리고 건강하게 살았노라
큰소리치는 분들이 의외로 크게 아픈 경우를
보게 됩니다.

연약해도 그것을 인정하면 삽니다.
그러나 건강해도 교만하면 넘어집니다.
내 영적 상태를 자랑하지 말고
늘 하나님을 가까이해야 합니다.

시편 90편

8 주께서 우리의 죄악을 주의 앞에 놓으시며 우리의 은밀한 죄를 주의 얼굴 빛 가운데에 두셨사오니...

세상에는 서로 돕고 세워주는 훈훈한 소식보다
상상을 초월하는 죄의 모양들이 드러나고 있습니다.
누구도 보지 않을 거라 생각하며 몰래 또는 대범하게
죄를 지으나, 하나님은 다 보고 계시고 그분의 눈은
피할 수 없습니다.

시편 106편

15 그러므로 여호와께서는 그들이 요구한 것을 그들에게
주셨을지라도 그들의 영혼은 쇠약하게 하셨도다

원하는 대로 되어서 감사한 경우도 있지만,
원하는 대로 되어서 결국 잘못되는 경우도 있습니다.
우리는 무엇이든 요구하며 살기에 급급하지만,
하나님께서는 우리의 욕망 끝에 서셔서
우리를 기다리시는 분입니다.

베드로후서 3장

18 오직 우리 주 곧 구주 예수 그리스도의 은혜와 그를 아
는 지식에서 자라 가라 영광이 이제와 영원한 날까지
그에게 있을지어다

아기가 태어나면 모두 축하해 주지만
자라지 않으면 근심거리가 됩니다.
입사한 후에도 노력하지 않으면
회사의 골칫거리가 됩니다.
예수님을 믿는다 하면서도 성장하려 하지 않으면
주님께서 걱정하십니다.

열왕기하 20장

5 ... 다윗의 하나님 여호와의 말씀이 내가 네 기도를 들
었고 네 눈물을 보았노라 내가 너를 낫게 하리니...

땅에서 올라간 수증기는 사라지는 것 같으나
구름이 되어 언젠가 비로 내리듯
우리의 기도도 사라지지 않고 꼭 응답됩니다.

잠언 14장

16 지혜로운 자는 두려워하여 악을 떠나나 어리석은 자
는 방자하여 스스로 믿느니라

두려움이 무조건 나쁜 것은 아닙니다.
죄를 두려워해야 멀리할 수 있기 때문이지요.
믿음의 대상도 그렇습니다.
내 주먹을 믿는다는 게 보기에는 야심 차 보여도
스스로 자멸하는 길이 됩니다.

로마서 12장

2 너희는 이 세대를 본받지 말고 오직 마음을 새롭게 함
으로 변화를 받아 하나님의 선하시고 기뻐하시고 온
전하신 뜻이 무엇인지 분별하도록 하라

'구별'이 겉으로 보이는 차이를 발견하는 것이라면
'분별'은 숨겨진 진위(眞僞)를 찾아내는 것일 겁니다.
겉으로 드러난 상황에 휘둘리지 말고,
그 안에 숨겨진 하나님의 뜻을 발견하는
지혜자가 되어야 합니다.

골로새서 4장

2 기도를 계속하고 기도에 감사함으로 깨어 있으라

기도는 '생명줄'입니다!
그래서 숨 쉬듯 기도해야 하고
살아있음에 감사해야 하며
그래야 영적으로 깨어있을 수 있습니다.

로마서 1장

19 이는 하나님을 알 만한 것이 그들 속에 보임이라 하나
님께서 이를 그들에게 보이셨느니라

하나님께서 곤충(개미...)에게
더듬이를 주셔서
주위에 물체를 감지할 수 있게 하셨듯
인간에게는 하나님을 알 수 있는
영적 능력을 주셨으니
우리는 하나님을 부인할 수 없습니다!

나훔 1장

7 여호와는 선하시며 환난 날에 산성이시라 그는 자기
에게 피하는 자들을 아시느니라

선선한 날씨만 믿고 된장국을 한 번 더
데워놓지 않아 상했습니다.
된장의 쉬 상하는 특성을 무시한 탓이지요.
일반적인 것만 따르다 세심한 배려를 놓치는
경우가 있습니다.
하지만 하나님은 나의 뼈 속까지 아십니다.

요한복음 14장

14 내(예수님) 이름으로 무엇이든지 내게 구하면 내가 행
하리라

"예수님 이름으로 기도합니다. 아멘"
습관적으로 주문처럼 기도의 끝을
이렇게 맺어왔으나
이 말은 예수님의 명령이요,
엄청난 능력과 응답이 있음을 믿어왔는지요.

에베소서 5장

15 그런즉 너희가 어떻게 행할지를 자세히 주의하여 지
   혜 없는 자 같이 하지 말고 오직 지혜 있는 자 같이 하
   여

16 세월을 아끼라 때가 악하니라

똑같은 시간이 흘러도
어떤 김치는 맛있게 익어
식탁의 즐거움과 건강을 주지만,
어떤 김치는 썩어서 버려야 합니다.
모두에게 주어진 시간들,
어떤 이는 알맞게 익어갈 것이고
어떤 이에게는 버려지는 시간이 됩니다.

데살로니가전서 5장

16 항상 기뻐하라
17 쉬지 말고 기도하라
18 범사에 감사하라 이것이 그리스도 예수 안에서 너희
　　를 향하신 '하나님의 뜻'이니라

하나님의 뜻을 찾는 성도의 노력은 참으로
다각적입니다.
하지만 하나님의 뜻은 의외로 심플하네요.

고린도후서 4장

10 우리가 항상 예수의 죽음을 몸에 짊어짐은 예수의 생
　　명이 또한 우리 몸에 나타나게 하려 함이라

우리는 흔히 내가 겪고 있는 고난을
내 인생의 '십자가'라고 여기며
투덜대고 살고 있지는 않은지요.
십자가는 투덜거림의 이유가 아니요,
예수 생명 그 자체입니다.

시편 119편

37 내 눈을 돌이켜 허탄한 것을 보지 말게 하시고 주의 길
에서 나를 살아나게 하소서

에덴동산의 선악과 유혹은
지금도 계속되고 있습니다.
하나님께서 허락하신 좋은 것들이 많지만
우리의 눈은 여전히 세상의 허탄한 곳에
멈춰있지는 않은지요.

사사기 16장

16 날마다 그 말로 그를 재촉하여 조르매 삼손의 마음이
번뇌하여 죽을 지경이라

삼손을 넘어뜨리기 위한 '들릴라'의 집요한
유혹 장면입니다.
믿음으로 살고자 하나
범죄와 불순종의 유혹은 우리 곁에 여전히
집요합니다.
그것도 가까운 사람으로부터 말이죠.
더욱 말씀을 가까이하며 주님과 동행하는 날 되세요.

마가복음 11장

24 그러므로 내가 너희에게 말하노니 무엇이든지 기도하고 구하는 것은 받은 줄로 믿으라 그리하면 너희에게 그대로 되리라

이럴 때는 기도하고,
저럴 때는 기도해도 소용없다
생각될 때 있으시죠?
그래도 기도하라고 하십니다.
Yes도 응답이고, No도 응답이며
아무 말 안 하셔도 응답입니다.
기도하고 의지하는 자를 하나님께서는
가장 좋은 길로 인도하십니다.

창세기 3장

6　여자가 그 나무를 본즉 먹음직도 하고 보암직도 하고
지혜롭게 할 만큼 탐스럽기도 한 나무인지라 여자가
그 열매를 따먹고 자기와 함께 있는 남편에게도 주매
그도 먹은지라

아담과 하와가 에덴동산에서 선악과를 따먹는
장면입니다.
세상에 이보다 더 금슬 좋은 부부는 없는 것 같지요?
그러나 마음은 하나 되어도 방향이
잘못되었기에 둘은 함께 망하게 되었습니다.

창세기 18장

14　여호와께 능하지 못한 일이 있겠느냐 기한이 이를 때에
내가 네게로 돌아오리니 '사라'에게 아들이 있으리라

믿음의 조상이라 불리는 아브라함에게 나타나사
노년에 아들을 낳을 거라고 말씀하시는 장면입니다.
불임에 늙은 여성인 '사라'에겐 불가능한 일이었지만
전능하신 하나님께는 아무것도 아닌 일입니다.
약속은 누가 하느냐에 그 무게가 있습니다.

13 예수께서 이르시되 '너희가 먹을 것을 주라' 하시니 여
짜오되 우리에게 떡 다섯 개와 물고기 두 마리밖에 없
으니 이 모든 사람을 위하여 먹을 것을 사지 아니하고
서는 할 수 없사옵나이다 하니

오병(五餅, 떡 다섯 개) 이어(二魚, 물고기 두 마리)
이야기입니다.
배고픈 백성을 앞에 두고 하늘에서 양식을
비처럼 내리시면 좋으련만,
예수님께서는 굳이 우리 보고
먹을 것을 주라 하십니다.
하나님께서는 하나님 나라를
우릴 통해 이루길 원하십니다.

말라기 4장

2 내 이름을 경외하는 너희에게는 공의로운 해가 떠올
라서 치료하는 광선을 비추리니 너희가 나가서 외양
간에서 나온 송아지 같이 뛰리라

누구나 병 낫기를 기도하지만
하나님을 경외하는 마음이 먼저입니다.
하나님은 램프의 요정 '지니'가 아니라
우리의 아버지시기 때문입니다.

이사야 30장

18 그러나 여호와께서 기다리시나니 이는 너희에게 은
혜를 베풀려 하심이요 일어나시리니 이는 너희를 긍
휼히 여기려 하심이라 대저 여호와는 정의의 하나님
이심이라 그를 기다리는 자마다 복이 있도다

명절이면 자식들을 기다리는 부모의 심정처럼
하나님께서는 먼저 항상 우리를 기다리십니다

창세기 15장

1 이 후에 여호와의 말씀이 환상 중에 아브람에게 임하여 이르시되 아브람아 두려워하지 말라 나는 네 방패요 너의 지극히 큰 상급(보상)이니라

'이후에..' 무슨 일 이후일까요?
지난날의 성공, 실패, 불안, 후회, 낙심, 두려움...
그래도 하나님께선 말씀하십니다.
두려워하지 말라.
하나님께서 친히 방패와 보상이 되어 주신답니다.

시편 32편

8 내가 네 갈 길을 가르쳐 보이고 너를 주목하여 훈계하리로다

하나님의 시선이 내게 머무는 것도 은혜이지만,
더 나아가 내 시선을 하나님께 드리기 원합니다.

시편 121편

4 이스라엘을 지키시는 이는 졸지도 아니하시고 주무
시지도 아니하시리로다

세상은 금요일 밤부터 문을 닫습니다.
(일부 응급 창구를 제외하고)
낙심한 자들이 이용할 창구가 없습니다.
저마다 쉬러 들어간 자리에서
눈물은 피눈물이 됩니다.
하지만 하나님의 창구는 연중무휴 24시간
열려있습니다.
세상의 노랫소리가 커질수록
하나님은 더 집중하여 나의 신음에
귀를 기울이십니다.

로마서 5장

3 ...우리가 환난 중에도 즐거워하나니 이는 환난은 인
내를

4 인내는 연단을, 연단은 소망을 이루는 줄 앎이로다

꽃길만 걷고 싶은 게 모든 사람의 소망이요,
기도 제목이지요.
하지만 수백 번 넘어지고 일어서야 아기는 걷는 걸 수
있고, 걸어야 뛸 수 있으며 어디든 갈 수 있습니다.
넘어지기 싫다고 걷기를 포기하시렵니까?
이 환난이 결국 소망이 될 줄 믿으시기 바랍니다.

요한복음 3장

8 바람이 임의로 불매 네가 그 소리는 들어도 어디서 와
서 어디로 가는지 알지 못하나니 성령(하나님의 영)으
로 난 사람도 다 그러하니라

세상에 바람을 본 사람은 없으나,
바람을 부인하는 사람도 없습니다.
하나님을 본 사람은 없지만,
이 세상에는 하나님의 증거가 너무도 많습니다.

레위기 26장

35 너희가 그 땅에 거주하는 동안 너희가 안식할 때에 땅은 쉬지 못하였으나 그 땅이 황무할 동안에는 쉬게 되리라

성경 <레위기>에는
7년마다 땅을 쉬게 하라는 말씀이 있습니다.
땅을 쉬게 하면 황무지가 되고 놀게 하기 아깝지만은
그 쉬는 시기가 있어야
이듬해에 땅이 살아나게 됩니다.
우리도 사방이 가로막혀 아무것도 할 수 없을 때,
황무지 같아 무능하게 보일 때,
땅을 쉬게 하시는 하나님의 뜻을 생각해야겠습니다.

신명기 7장

7   여호와께서 너희를 기뻐하시고 너희를 택하심은 너희가 다른 민족보다 수효가 많기 때문이 아니니라 너희는 오히려 모든 민족 중에 가장 적으니라

지도에서도 찾기 힘든 동쪽의 작은 나라 대한민국을
세계와 경쟁하는 대국으로 이끄신 하나님!
내 작은 삶에도 개입하셔서 반전을 이루실 줄
믿으시기 바랍니다.
금수저, 흙수저 따지며 '수저 갈아타기'에
애쓰는 인생이 아닌,
하나님의 택하심을 믿습니다.

요한복음 15장

2   무릇 내게 붙어 있어 열매를 맺지 아니하는 가지는 아
    버지께서 그것을 제거해 버리시고 무릇 열매를 맺는
    가지는 더 열매를 맺게 하려 하여 그것을 깨끗하게 하
    시느니라

똑같은 은행나무 열매일지라도, 관리하에 맺어지는
은행은 상품가치를 인정받아 비싸게 팔리지만,
동네 길가 아무렇게나 버려지는 은행은
발밑에 불쾌한 쓰레기와 고약한 냄새를 남깁니다.
예수님께 붙어있어 관리받아야겠습니다.

요한복음 15장

4   ...가지가 포도나무에 붙어 있지 아니하면 스스로 열
    매를 맺을 수 없음 같이 너희도 내 안에 있지 아니하
    면 그러하리라

하늘을 나는 '연'은 끈으로 연결되어야,
연으로서의 의미와 역할이 주어집니다.
끊어지면 죽음! 나를 붙들고 계시는 하나님의 손길은
간섭이 아닌 사랑입니다.

신명기 31장

6 너희는 강하고 담대하라 두려워하지 말라 그들 앞에서 떨지 말라 이는 네 하나님 여호와 그가 너와 함께 가시며 결코 너를 떠나지 아니하시며 버리지 아니하실 것임이라

모세가 자기 사명을 다한 후 세상을 떠나기 전,
백성들에게 당부하는 말입니다.
누구나 죽기 전에 하는 말이
가장 중요하고 진실된 요점이겠지요.
내 인생 여정이 다하여 이 땅을 떠나갈 때에,
나는 과연 어떤 말을 후세에 당부하고 싶은가요?

고린도전서 12장

3 ...성령(하나님의 영)으로 아니하고는 누구든지 예수를 주(주님)시라 할 수 없느니라

내가 말씀을 잘 이해하여 믿은 것 같으나,
믿음은 하나님께서 주시는 겁니다.
그래서 내가 자랑할 수 없습니다.
아직 그 믿음이 내 안에 없다면 구하시기 바랍니다.

여호수아 14장

9 ...네가 내 하나님 여호와께 충성하였은즉 네 발로 밟
는 땅은 영원히 너와 네 자손의 기업(하나님의 유산)
이 되리라 하였나이다

하나님께서 우리에게 거저 주시는 은혜도 많지만
땀 흘리고 수고하여 그 열매를 먹게 하십니다.
오늘도 수고로이 발을 내디뎌 땅을 밟으시기
바랍니다.
내가 밟는 곳마다 생명이 살아나고 축복의 통로가
되게 하소서.

마가복음 4장

40 이에 제자들에게 이르시되 어찌하여 이렇게 무서워
하느냐 너희가 어찌 믿음이 없느냐 하시니

이 상황은 예수님과 한배를 타고 있던 제자들이
두려워 떠는 모습을 보고
예수님께서 기가 막혀 하시는 말씀입니다.
지금 두려워 떨고 있는 상황이라면
나와 함께 하시는 예수님을 먼저 확인해야 합니다.

마가복음 1장

12 성령(하나님의 영)이 곧 예수를 광야로 몰아내신지라

광야는 아무것도 없는 곳.
그래서 하나님만 바라볼 수밖에 없는
곳이라고 합니다.
하나님께서는 예수님의 사역 시작 초기부터
척박한 광야로 내모십니다.
지금 광야에 계십니까?
염려하지 마세요.
하나님이 함께 하시며 끝까지 동행하십니다.

신명기 1장

31 광야에서도 너희가 당하였거니와 사람이 자기의 아들을 안는 것 같이 너희의 하나님 여호와께서 너희가 걸어온 길에서 너희를 안으사 이 곳까지 이르게 하셨느니라...

인생은 어차피 광야입니다.
화려한 도시를 꿈꿀지라도
다다라보면 신기루인 경우가 많지요.
광야 같은 세상!
나를 안으사 끝까지 동행하시는 하나님을
오늘도 바라보시기 바랍니다.

시편 139편

9   내가 새벽 날개를 치며 바다 끝에 가서 거주할지라도
10 거기서도 주의 손이 나를 인도하시며 주의 오른손이
    나를 붙드시리이다

새벽을 끝없이 날아보신 적 있나요?
인생의 어두움을 달려 바다 끝에 다다라본 적이
있나요?
깊은 어둠의 시간,
거기가 끝인 줄 알았는데
하나님이 기다리고 계시네요.
그 손을 의지하시기 바랍니다.

시편 1편

1 복있는 사람은....
2 오직 여호와의 율법(말씀)을 즐거워하여 그의 율법(말씀)을 주야로 묵상하는도다

책 읽기보다 너튜브 정기 구독이 많은 시대입니다.
구독과 좋아요, 알림 설정!
너튜버들이 가장 좋아하는 말이지요.
우리도 하나님의 말씀을 정기 '구독'하며,
'좋아요'(아멘) 누르고 '알림 설정'으로 나를 깨웁시다!

고린도전서 7장

24 형제들아 너희는 각각 부르심을 받은 그대로 하나님과 함께 거하라

금수저, 부모찬스...
뉴스들은 끊임없이 우리를 남과 비교하고 허탈하게 만듭니다.
하지만 하나님께서는 우리를 각! 각! 부르시고
그 부르심을 오늘도 이끌어가십니다.
하나님의 부르심을 신뢰하십시오.

잠언 28장

20 충성된 자는 복이 많아도 속히 부하고자 하는 자는 형
벌을 면하지 못하리라

충성은 시간이 많이 걸립니다.
알아줄지도 잘 모르고요.
그래서 사람들은 요령 피우며 지름길을 찾습니다.
보지 않으셨습니까? 그들이 망하는 모습을요...
오늘 하루도 충성하시기 바랍니다.

신명기 32장

6 어리석고 지혜 없는 백성아 여호와께 이같이 보답하
느냐 그는 네 아버지시요 너를 지으신 이가 아니시냐
그가 너를 만드시고 너를 세우셨도다

"나는 공부 잘하는 아들보다
순종하는 아들이 더 좋아!"
모 방송에 나온 어느 아버지의 말입니다.
무엇을 드려서 자녀가 되는 것이 아니라,
존재 자체로 하나님은 나를 귀히 여기십니다.

전도서 7장

14 형통한 날에는 기뻐하고 곤고한 날에는 되돌아 보아
라 이 두 가지를 하나님이 병행하게 하사 사람이 그의
장래 일을 능히 헤아려 알지 못하게 하셨느니라

잘 달리던 자동차도 연료가 떨어져가면
'주유경고등'에 불이 들어옵니다.
이 신호를 무시하면 차의 부품이 마모되다가
결국 서게 되지요.
내 인생 어떤 경고등에 불이 들어왔나요?
과연 무엇을 채워야 할까요?

누가복음 21장

36 이러므로 너희는 장차 올 이 모든 일을 능히 피하고 인
자(예수님) 앞에 서도록 항상 기도하며 깨어 있으라 하
시니라

갑작스레 닥친 일에 놀라는 이유는
아직 준비되지 않았기 때문입니다.
인생길...
어떤 두려운 일이 다가올지라도 이길 수 있는 길은
오직 기도로 깨어있는 것입니다.

요한복음 1장

14 말씀이 육신이 되어 우리 가운데 거하시매 우리가 그
의 영광을 보니 아버지의 독생자의 영광이요 은혜와
진리가 충만하더라

바다 태풍을 경험한 사람은 여름 장마에 놀라지
않는다고 합니다.
하나님의 영광을 본 사람 또한
세상 부귀영화에 집착하지 않겠지요.

로마서 11장

18 그 가지들을 향하여 자랑하지 말라 자랑할지라도 네
가 뿌리를 보전하는 것이 아니요 뿌리가 너를 보전하
는 것이니라

가지가 잘나서 키가 크고 무성하고
쭉쭉 뻗는 것 같으나,
실상은 땅속에 감춰진 뿌리 덕분입니다.
아직도 겉으로 보이는 것만으로
자랑거리 삼고 계시나요?
내 삶을 지탱해 주는 튼튼한 뿌리이신
예수님을 잊지 마십시오.

고린도전서 13장

사랑은...

5 무례히 행하지 '아니하며' 자기의 유익을 구하지 '아니
하며' 성내지 '아니하며' 악한 것을 생각하지 '아니하
며'

사랑이라는 이름으로 사고(事故)도 많고
폐해도 많은 것은
사랑을 마치 무기로 생각하여
마구 휘두르기 때문입니다.
하지만 사랑은 성품이고 의지(意志)입니다.
아니하며
아니하며
아니하며...

시편 19편

7 　여호와의 율법(말씀)은 완전하여 영혼을 소성(소생)시
키며 여호와의 증거는 확실하여 우둔한 자를 지혜롭
게 하며...

정보의 홍수 속에 사는 요즘은
오히려 전문가를 무시하는 시대라고 합니다.
내가 검색한 것을 더 믿기 때문이지요.
그러나 때론 그 많은 정보가
우리를 더욱 불안하게도 합니다.

하지만 완전하신 하나님 말씀은
알면 알수록 그 안에 참 평안이 있습니다.

요한복음 14장

1 너희는 마음에 근심하지 말라 하나님을 믿으니 또 나
(예수님)를 믿으라

근심과 믿음은 반비례, 시소와 같습니다.
근심이 올라가면 믿음이 수그러들고.
믿음이 올라가면 근심이 내려갑니다
지금 시소에 타고 있는 큰 덩치는 믿음입니까?
근심입니까?

시편 121편

1 내가 산을 향하여 눈을 들리라 나의 도움이 어디서 올
까
2 나의 도움은 천지를 지으신 여호와에게서로다

우리는 어려움이 닥치면 도움을 요청하려
주변의 '물주'를 찾습니다.
항상 내 곁에 가까이 계신 '조물주'를 보지 못하고
말이지요.
물주보다 크신 조물주,
그분이 내 하나님이십니다.

골로새서 3장

13 누가 누구에게 불만이 있거든 서로 용납하여 피차 용
서하되 주께서 너희를 용서하신 것 같이 너희도 그리
하고...

어느 목사님께서 청소년 시기를
<공사 중>이라고 표현하신 걸 들었습니다.
공사 중인 곳을 지나갈 때는 다소 불편하여도
목적대로 완성되기까지 모두들 참고 기다려주지요.
하나님께서도 우리에 대하여 그렇게
참아주고 계십니다.

시편 46편

10 ...너희는 가만히 있어 내가 하나님 됨을 알지어다 내가 뭇(많은) 나라 중에서 높임을 받으리라 내가 세계 중에서 높임을 받으리라...

지나온 날들이 후회스럽고,
지금 내 모습은 부끄럽고,
앞으로의 길도 캄캄하여 보이지 않나요?
지금이 바로 인생의 하프타임,
하나님을 바라보아야 할 때입니다.
쉬는 시간이 끝나고 다시 휘슬이 울릴 때
다시 뛸 힘을 주실 것입니다.

로마서 11장

29 하나님의 은사(선물)와 부르심에는 후회하심이 없느니라

하나님은 우리를 부르시고
사명을 감당하도록 재능도 주셨습니다.
주신 분은 후회하지 않는데
받은 나는 왜 미리부터 주저앉아 있을까요?

로마서 4장

20 믿음이 없어 하나님의 약속을 의심하지 않고 믿음으로 견고하여져서 하나님께 영광을 돌리며...

기다림은 믿음이 있어야 가능합니다.
오지 않는 버스를 기다리는 건 어리석은 일이고,
갚을 능력 없는 채무자를 기다리는 건
뼈가 마르는 일이겠지요.
우리가 하나님의 약속을 믿고 기다리는 것은
하나님은 과연 믿을만한 분이시기 때문입니다.

요한일서 4장

18 사랑 안에 두려움이 없고 온전한 사랑이 두려움을 내쫓나니 두려움에는 형벌이 있음이라 두려워하는 자는 사랑 안에서 온전히 이루지 못하였느니라

영적 세계에는 빈 공간이 없습니다.
하나님 사랑으로 가득 차면 두려움은 파고들 수 없고,
두려움이 가득하면 하나님 사랑이 느껴질 수
없습니다.
먼저 하나님으로 가득 채우시기 바랍니다.

이사야 30장

18 그러나 여호와께서 기다리시나니 이는 너희에게 은혜를 베풀려 하심이요 일어나시리니 이는 너희를 긍휼히 여기려 하심이라...

하나님은 여전히 나를 기다리시는데
정작 나는 하나님을 기다리지 못하고
다른 대책을 준비하고 있진 않나요?
오늘도 그 은혜와 긍휼(불쌍히 여김)을
값없이 받으시기 바랍니다.

신명기 6장

5 너는 마음을 다하고 뜻을 다하고 힘을 다하여 네 하나님 여호와를 사랑하라

나를 고용하고 월급을 주는 사업주에게
충성을 다하는 것이 당연하다면,
내게 생명주시고 삶을 누리게 하신 하나님께
나의 모든 것을 드리는 것은 더더욱 당연한 일입니다.

하나님께서는 우리가 사랑으로 충만하게 되고,
그 분을 위해서 밝은 빛을 비추기를 원하고 계십니다.

"너희는 세상의 빛이라 산 위에 있는 동네가 숨기우지 못할 것이요"
(마 5:14)

Part_3

세상의 빛

우리가 살아가는 현대의 도시는
밤에도 낮처럼 환할 만큼 휘황찬란합니다.
하지만... 실제 느껴지는 세상은
앞이 보이지 않는 흑암, 그 자체가 아닐까요?

빛으로 오신 예수님!
그래서 예수님께서 우리에게 오셨습니다!

전도서 12장

12 내 아들아 또 이것들로부터 경계를 받으라 많은 책들
을 짓는 것은 끝이 없고 많이 공부하는 것은 몸을 피
곤하게 하느니라

이 말씀은 공부하지 말라는 뜻으로 주신
말씀이 아닙니다.
공부 뿐 아니라 (돈, 명예, 건강, 성과...)
나를 살릴 줄 알고 매달렸던 것들이
때론 나를 더 피곤하게 하고
숨을 쉬지 못하게 얽어매지요.
다시 한번 삶의 우선순위를 점검해야겠습니다.

사도행전 3장

6 베드로가 이르되 "은과 금은 내게 없거니와 내게 있는
이것을 네게 주노니 나사렛 예수 그리스도의 이름으
로 일어나 걸으라" 하고...

성전 앞에서 구걸하던 하반신 장애인 거지를
베드로가 일으키는 장면입니다.
거지가 원했던 건 동전 한 푼,
천 원짜리 한 장이었겠지만
베드로는 더 큰 기적~ 일어나 걷게 합니다.
나는 그저 당장 필요한 것만 구하지만
예수님은 나의 근본 문제를 아십니다.

베드로전서 2장

2 갓난 아기들 같이 순전하고 신령한 젖을 사모하라 이
는 그로 말미암아 너희로 구원에 이르도록 자라게 하
려 함이라

요소수 부족 사태가 심각했던 적이 있었습니다.
우리의 삶에 떨어지면(부족하면) 안 되는 것들이
어디 요소수뿐이겠습니까?
우리 인생에 끊어지면 안 될 젖줄,
곧 하나님의 말씀입니다.

요한복음 8장

32 진리를 알지니 진리가 너희를 자유롭게 하리라

차선이 없는 시골길이나 비포장도로를
불안한 마음으로 달려본 적이 있으신가요.
차선은 잘 지켜질 때 우리가 자유롭게 달릴 수 있듯이,
하나님의 말씀 안에 거할 때 참 자유가 있습니다.

잠언 22장

24 노를 품는 자와 사귀지 말며 울분한 자와 동행하지 말
지니...

동행하면 닮습니다.
옳지 않다 생각하면서도 나도 모르게
그 행동을 하고 있지요.
나 또한 주변에 노(怒)나 분노를 쏟아내고 있지 않나
돌아봐야겠습니다.
내 옆에 화내는 사람만 있다면 어쩌면
그가 나를 닮고 있는지도 모릅니다.

고린도전서 15장

10 그러나 내가 나 된 것은 하나님의 은혜로 된 것이니 내
게 주신 그의 은혜가 헛되지 아니하여...

하나님 나라에는 쓰레기통이 없고,
이 세상에도 쓰레기를 만들기 위한 공장은 없습니다.
그러므로 나의 나됨은 하나님의 은혜와 사랑임을
믿습니다.

시편 119편

97 내가 주의 법(말씀)을 어찌 그리 사랑하는지요 내가 그
것을 종일 작은 소리로 읊조리나이다

하나님께서 인간에게 어금니를 20개나 주신 이유는
오래, 잘게 씹으라는 뜻입니다.
침 속에 있는 '아밀라아제'는 최고의 소화효소라지요.
하나님의 말씀을 그냥 꿀꺽 삼키지 마시고
하루 종일 생각해 보세요.
인생의 문제가 풀리는 최고의 소화효소가
분비될 것입니다.

마태복음 6장

34 그러므로 내일 일을 위하여 염려하지 말라 내일 일은
내일이 염려할 것이요 한 날의 괴로움은 그 날로 족하
니라

아무리 시켜도 하기 싫은 게 숙제이고,
시키지 않아도 미리 당겨 하는 게 '염려'인 것 같습니다.
그래도 예수님께서 염려하지 말라고 하시니
오늘 하루 순종해 보심이 어떨까요?

잠언 27장

23 네 양 떼의 형편을 부지런히 살피며 네 소 떼에게 마
    음을 두라

믿음은 있으나 교회에 나가지 않는 가나안(안나가)
성도들이 있지요.
혼자 예배드리며 믿음을 지키는 것도 중요하지만,
성도들의 형편을 살피며 돌보는 것이
하나님의 마음이고 곧 '교회'입니다.

마가복음 12장

31 ...네 이웃을 네 자신과 같이 사랑하라...

마른행주를 짜는 것이 얼마나 힘든 일인지요.
내가 나를 소중히 여기는 존귀함이 흘러넘칠 때,
주변을 사랑으로 적실 수 있습니다.
하나님께서는 나를 사랑하시고,
그 사랑을 흘려보내라 하십니다.

고린도후서 5장

17 그런즉 누구든지 그리스도 안에 있으면 새로운 피조
물이라 이전 것은 지나갔으니 보라 새 것이 되었도다

누구나 변화를 지향합니다.
대선이나 총선 때가 되면 누가 이 나라를
변화시킬 것인가에 초점이 맞춰지지요.
하지만 그 누구도 무언가를 새롭게 할
능력이 없습니다.
더 이상 과거에 묶여있지 말고,
예수님 안에 있으면 새롭게 됨을 믿으십시오.
나는 할 수 없지만 예수님께서 그렇게 해주십니다.

시편 128편

2 네가 네 손이 수고한 대로 먹을 것이라 네가 복되고 형
   통하리로다

불로소득이 부러우신가요?
하지만 하나님께서는 내 손으로 수고하여 먹는 것이
복되다 하십니다. 일할 수 있다는 것은 건강, 시간,
재능, 소명도 함께 주셨기 때문입니다.
얻어먹지 않고 내 손으로 벌어서 먹는 것이 얼마나
복된 인생인지요.

누가복음 16장

13 집 하인이 두 주인을 섬길 수 없나니 혹 이를 미워하
    고 저를 사랑하거나 혹 이를 중히 여기고 저를 경히 여
    길 것임이라 너희는 하나님과 재물을 겸하여 섬길
    수 없느니라

인간의 마음에 불안이 떠나지 않는 이유는
두 주인을 섬기기 때문입니다.
재물을 섬길 때 내 안에 전쟁이 시작되지만,
하나님을 섬길 때 그 모든 것을 평정해 주십니다.

잠언 16장

9 사람이 마음으로 자기의 길을 계획할지라도 그의 걸음을 인도하시는 이는 여호와시니라

운전하다가 역주행 차량을 만나면 아찔하고 놀라겠죠.
하지만 더 놀랄 일은 내가 역주행하고 있는데
나만 모를 때입니다.
오늘도 내 삶을 인도하시는 하나님께
운전대를 넘겨드립니다.

베드로전서 5장

7 너희 염려를 다 주께 맡기라 이는 그가 너희를 돌보심이라

공중에서 줄 옮겨타는 서커스를 보신 적이 있나요.
이 줄을 놓아야 저 줄로 갈 수 있는...
지금 붙잡고 있는 염려의 줄을 놓고
평강의 주님께로 갈아타야겠습니다.
우리를 돌보아 주신다고 약속하셨으니까요.

이사야 40장

11 그는 목자 같이 양 떼를 먹이시며 어린 양을 그 팔로 모아 품에 안으시며 젖먹이는 암컷들을 온순히 인도하시리로다

열차나 비행기에 탔을 때,
조용히 착석하여 앉아있어야지
운전을 잘하나 못하나 기관실을 기웃거리는 사람은 없습니다.
일단 승차하면 모든 운행을 기관사에 맡겨야 하듯
양은 목자를 신뢰하며 따라가야 합니다.

요한일서 3장

3 주를 향하여 이 소망을 가진 자마다 그의 깨끗하심과 같이 자기를 깨끗하게 하느니라

삶의 롤모델이 있으신가요?
누군가를 좋아하거나 추종하게 되면,
나도 모르게 닮고 싶고 어느새 닮아가지요.
내 안에 주님으로 가득하다면,
저절로 죄를 멀리하게 될 겁니다.

사도행전 1장

4 사도와 함께 모이사 그들에게 분부하여 이르시되 예
   루살렘을 떠나지 말고 내게서 들은 바 아버지께서 약
   속하신 것을 기다리라

예수님께서 승천하시기 전,
제자들에게 당부하신 말씀입니다.
신앙은 '기다림'입니다.
막연한 것을 기다리는 것이 아니라
약속을 믿는 확실한 기다림입니다.
그리고 대상이 있는 기다림은 흔들리지 않습니다.

디모데전서 1장

12 나를 능하게 하신 그리스도 예수 우리 주께 내가 감사
함은 나를 충성되이 여겨 내게 직분을 맡기심이니...

걸스카웃, 합창단, ○○봉사단... 등에 뽑혀
활동해 본 적이 있으신가요?
제복과 깃발... 서있는 줄만 봐도 부러워했었지요.
오늘! 지금! 여기!
예수님께서 날 쓰시겠다고 부르신다면
그보다 큰 영광이 어디 있을까요?

디도서 1장

15 깨끗한 자들에게는 모든 것이 깨끗하나 더럽고 믿지
아니하는 자들에게는 아무 것도 깨끗한 것이 없고 오
직 그들의 마음과 양심이 더러운지라

검은 선글라스를 쓰면 세상이 어둡게 보이고
붉은 선글라스를 쓰면 붉게 보입니다.
그 선글라스조차도 내가 택한 것이라면
나는 스스로 속을 수 있습니다.
하나님의 시선으로 세상을 보기 원합니다.

빌립보서 3장

12 내가 이미 얻었다 함도 아니요 온전히 이루었다 함도
아니라 오직 내가 그리스도 예수께 잡힌 바 된 그것을
잡으려고 달려가노라

등산은 올라갈 때보다 내려올 때 사고가 많다죠.
목표를 이루기는 어려워도 무너지는 건 한순간입니다.
오늘도 이만하자, 다 되었다,
쉬고 싶거나 포기하고 싶은 그 순간조차
예수님께 집중해야 넘어지지 않습니다.

마태복음 1장

21 아들을 낳으리니 이름을 '예수'라 하라 이는 그가 '자기 백성을 그들의 죄에서 구원할 자'이심이라 하니라

우리 모두 이름에 뜻이 있지요.
예수님의 이름 뜻은
'자기 백성을 그들의 죄에서 구원할 자'입니다.
우리는 이름대로 살기 어려운데
예수님은 정말 이름대로 사셨습니다.
성탄절은 그 예수님이 이 땅에 오신 기쁜 날입니다!

마태복음 16장

16 시몬 베드로가 대답하여 이르되 주는 그리스도시요 살아 계신 하나님의 아들이시니이다

예수님을 표현하는 단어 중에
'그리스도'는 구세주, 메시야라는 뜻입니다.
하나님의 아들인 그분께서 세상에 빛으로 오신 날,
바로 성탄절입니다!

로마서 12장

2 너희는 이 세대를 본받지 말고 오직 마음을 새롭게 함으로 변화를 받아 하나님의 선하시고 기뻐하시고 온전하신 뜻이 무엇인지 분별하도록 하라

변화와 변질은 다릅니다!
Merry Christmas를 Happy holiday로
X-mas를 K-mas로...
이것은 변화가 아니라 변질입니다.

우리 안에 올바른 분별력으로
성탄의 본질을 잃지 않기를 바랍니다.

요한복음 1장

14 말씀이 육신이 되어 우리 가운데 거하시매 우리가 그
의 영광을 보니 아버지의 독생자의 영광이요 은혜와
진리가 충만하더라

반려견이 아무리 사랑스러워도 주인의 뜻을
모두 다 알 순 없습니다.
어쩔 땐 차라리 내가 개가 되어 말해주고 싶을 때도
있지요.

성탄절은
하나님께서 참인간의 모습으로 이 땅에 오신 날입니다.
복음을 직접 말해 주시기 위해서 말입니다.

미가 5장

2   베들레헴 에브라다야 너는 유다 족속 중에 작을지라
　 도 이스라엘을 다스릴 자가 네게서 내게로 나올 것이
　 라 그의 근본은 상고에, 영원에 있느니라

아무리 작고 오~진 시골 마을일지라도
대통령이나 위인이 태어난 곳이라면
금방 명소가 되곤 합니다.
예수님께서 태어나신 '베들레헴'도
아주 초라한 촌구석이었다지요.
내가 비록 외적으로는 내세울 것이 없는 처지 같아도
내 안에 예수님을 모셨다면 난 이미 '명소'입니다.

요한복음 10장

10 도둑이 오는 것은 도둑질하고 죽이고 멸망시키려는
    것뿐이요 내가 온 것은 양으로 생명을 얻게 하고 더 풍
    성히 얻게 하려는 것이라

멸망하게 하는 종교가 있고
생명을 주는 종교가 있습니다.
기독교는 예수님 자신을 생명으로 주신
복음(복된 소식)입니다.

6 그는 근본 하나님의 본체시나 하나님과 동등됨을 취할 것으로 여기지 아니하시고...

'삼위일체'라고 들어보셨나요?
하나님, 예수님, 성령님,
이 세 분이 바로 하나이십니다.

예수님은 근본 하나님이시나
인간의 모습으로
이 땅에 오셨고,
그날이 바로 성탄절입니다.

이사야 9장

2 흑암에 행하던 백성이 큰 빛을 보고 사망의 그늘진 땅에 거주하던 자에게 빛이 비치도다

우리가 살아가는 현대의 도시는
밤에도 낮처럼 환할 만큼 휘황찬란합니다.
하지만... 실제 느껴지는 세상은
앞이 보이지 않는 흑암, 그 자체가 아닐까요?

빛으로 오신 예수님!
그래서 예수님께서 우리에게 오셨습니다!

누가복음 2장

7 첫아들을 낳아 강보(이불)로 싸서 구유(말 밥그릇)에
  뉘었으니 이는 여관에 있을 곳이 없음이러라

귀한 손님이 오셨는데 잡상인 취급하며
돌려보낸 적이 있으십니까?

만왕의 왕이 오셨는데
정작 그분을 맞이할 방이 없다 하여
마구간에서 태어나셔야 했습니다.
소란한 세상 가운데
내 마음에는 예수님을 모실 방이
준비되어 있는지요.

마태복음 2장

11 집에 들어가 아기와 그의 어머니 마리아가 함께 있는
것을 보고 엎드려 아기께 경배하고 보배합을 열어 황
금과 유향과 몰약을 예물로 드리니라

예수님께서 탄생하셨을 때 동방으로부터 온
박사들이 예물을 드리는 장면입니다.
그들은 왜 예물로 '황금'을 가져왔을까요?
이것은 뇌물이 아닌 예물!
'나는 예수님을 왕으로 인정합니다.'라는
뜻이 담겨 있습니다.
이것이 오늘날 성탄을 맞이하는
우리의 고백이 되길 바랍니다.

이번 성탄절에 우리도 예수님께 귀한 믿음의
고백을 드리기 원합니다.

마태복음 2장

11 집에 들어가 아기와 그의 어머니 마리아가 함께 있는
것을 보고 엎드려 아기께 경배하고 보배합을 열어 황
금과 유향과 몰약을 예물로 드리니라

예수님께서 탄생하셨을 때
동방박사들은 왜 '유향'을 예물로 드렸을까요?
'유향'은 요즘은 흔한 아로마 향료이지만,
그 당시엔 신성한 예물이었습니다.
예수님을 하나님의 아들로 인정하는
믿음의 고백이었지요.

이번 성탄절에 우리도 예수님께 귀한 믿음의
고백을 드리기 원합니다.

마태복음 2장

11 집에 들어가 아기와 그의 어머니 마리아가 함께 있는
것을 보고 엎드려 아기께 경배하고 보배합을 열어 황
금과 유향과 몰약을 예물로 드리니라

예수님께서 탄생하셨을 때
동방박사들은 왜 '몰약'을 예물로 드렸을까요?
몰약은 방부 효과가 있는 물질로,
주로 시체를 닦는데 쓰였다고 합니다.
그분이 십자가에 달려 돌아가실 구세주이심을
동방박사들은 알았던 것이지요.

우리는 세상에 태어나 살기 위해 애쓰지만
예수님은 죽기 위해 이 땅에 오셨습니다.

누가복음 2장

25 예루살렘에 시므온이라 하는 사람이 있으니 이 사람은 의롭고 경건하여 이스라엘의 위로를 기다리는 자라 성령이 그 위에 계시더라

예수님 탄생하실 그 시대에도
'시므온'과 같은 믿음의 사람들은 메시야(구원자)를
기다리고 있었고
예수님이 나시자 바로!! 알아보았습니다.
우리도 의롭고 경건히 깨어 있어
예수님 나심을 기뻐하며 경배합시다.

요한일서 4장

10 사랑은 여기 있으니 우리가 하나님을 사랑한 것이 아니요 하나님이 우리를 사랑하사 우리 죄를 속하기(구원하기) 위하여 화목 제물로 그 아들을 보내셨음이라

모든 종교는 인간이 신을 찾기 위한 노력이지만,
기독교는 신이 인간을 구하러 내려오신
복된 소식이고
그날이 곧 성탄절입니다.

사도행전 4장

12 다른 이로써는 구원을 받을 수 없나니 천하 사람 중에 구원을 받을 만한 다른 이름을 우리에게 주신 일이 없음이라 하였더라

기독교가 배타적으로 보이는 이유는
구원의 길이 오직 예수님 한 분뿐이심을
믿기 때문입니다.
그 예수님이 이 땅에 오신 날!
바로 성탄절입니다

누가복음 2장

14 지극히 높은 곳에서는 하나님께 영광이요 땅에서는 하나님이 기뻐하신 사람들 중에 평화로다

Merry는 즐거운,
Christ는 예수님, Mas(mass)는 미사, 예배,
즉, '예수님의 탄생을 기뻐하며
예수님께 예배하자'라는 뜻입니다.
예수님께 예배하는 기쁜 성탄절 ~
Merry Christmas !

누가복음 2장

11 오늘 다윗의 동네에 너희를 위하여 구주가 나셨으니
곧 그리스도 주시니라

과녁으로부터 벗어난 것을 '죄'라고 합니다.
그렇게 하나님으로부터 멀어진 우리를
하나님과 화목하게 하시려고
이 땅에 오신 아기 예수님을 찬양합니다.
메리 크리스마스!

마태복음 1장

23 보라 처녀가 잉태하여 아들을 낳을 것이요 그의 이름
은 임마누엘이라 하리라 하셨으니 이를 번역한즉 하
나님이 우리와 함께 계시다 함이라

예수님의 이름은 두 개입니다.
또 하나의 이름은 '임마누엘'
'우리와 함께 하신다'라는 뜻이지요.
외로운 세상에 홀로 남겨진 것 같아도 하나님께서
우리와 함께 하시는 걸 믿는 복된 성탄 되시길.

8   그러므로 그들을 본받지 말라 구하기 전에 너희에게
있어야 할 것을 하나님 너희 아버지께서 아시느니라

아이가 자기 입에 달달한 간식을 요구하며 떼를 써도
부모는 아이의 건강을 위한 음식을 먼저 제공합니다.
우리가 욕망대로 기도를 해도
하나님께서는 내게 꼭 필요한 것으로 응답하시지요.
무엇이 나를 살리는 길인지 하나님이 가장 잘 아시기
때문입니다.

로마서 15장

1 믿음이 강한 우리는 마땅히 믿음이 약한 자의 약점을
담당하고 자기를 기쁘게 하지 아니할 것이라

누구나 강하게 폼나게 살기를 원하지요.
하지만, 물이 위에서 아래로 흐르듯
하나님께서는 강한 자에게 더 큰 책임을 주셨습니다.
약한 자를 돌보라는...
그래야 세상이 썩지 않고 순환하기 때문이지요.

전도서 3장

1 범사에 기한이 있고 천하 만사가 다 때가 있나니...

아침에 기도 시간을 놓쳤습니다
'시간 날 때 해야지...'
이 일 저 일 하며 미루다 어느덧 잠잘 때가
되었습니다.
기도는 결국 못하고 잤습니다.
'시간 날 때' 하려니 계속 못할 일만 생기고...
시간은 내야 내게로 옵니다!

요한계시록 21장

6 또 내게 말씀하시되 이루었도다 나는 알파와 오메가
요 처음과 마지막이라 내가 생명수 샘물을 목마른 자
에게 값없이 주리니...

시작할 때 하나님의 약속을 믿었다면
끝까지 그 약속을 붙드시기 바랍니다.
새해에 드린 기도, 나는 잊었지만 ...
하나님께서는 여전히 일하고 계시고
새 힘을 값없이 날마다 주십니다.

갈라디아서 6장

9 우리가 선을 행하되 낙심하지 말지니 포기하지 아니
하면 때가 이르매 거두리라

열심히 달려왔는데 허무할 때가 있습니다.
하지만 하나님이 허락하신 선한 일이라면
그 결과도 맡겨드리기 바랍니다.

잠언 3장

5 너는 마음을 다하여 여호와를 신뢰하고 네 명철(총명)
을 의지하지 말라

6 너는 범사(모든 일)에 그를 인정하라 그리하면 네 길
을 지도하시리라

새해가 되면 해를 보며 소원을 빌고,
비싼 부적을 사다 붙이며 새해의 운세를
신경 쓰는 이들이 많습니다.
하지만 창조주 하나님을 인정하지 않는 삶은
나침반 없이 표류하는 배와 같습니다.
무엇을 믿고 무엇을 의지할지
오늘! 결심하시기 바랍니다.

요한계시록 7장

17 이는 보좌 가운데에 계신 어린 양이 그들의 목자가 되
사 생명수 샘으로 인도하시고 하나님께서 그들의 눈
에서 모든 눈물을 씻어 주실 것임이라

야구는 9회 말 투아웃부터이고,
축구의 승부는 인저리 타임(injury time)에
결정되는 경우가 많으며,
농구에는 버저비터(buzzer beater)가 있습니다.
끝날 때까지 끝난 게 아니란 뜻이겠지요.
우리의 삶 저 끝에
모든 눈물을 씻어주시는 하나님께서 기다리십니다.
조금만 더 힘내십시오.

아가 2장

10 나의 사랑하는 자가 내게 말하여 이르기를 나의 사랑,
내 어여쁜 자야 일어나서 함께 가자

성경의 <아가>서는 우리를 향한 하나님의 사랑을
시적인 표현으로 써 내려가 마치 연애편지와 같습니다.
새해 복 많이 받으라는 덕담이 해마다 오지만
가장 확실한 덕담은 '나와 함께 가자'는
하나님의 부르심입니다.

신명기 11장

12 네 하나님 여호와께서 돌보아 주시는 땅이라 연초부
터 연말까지 네 하나님 여호와의 눈이 항상 그 위에 있
느니라

작년과 별반 다르지 않게 여전히 상황이나 여건이
좋지 않아도
이곳이 하나님께서 허락하신 곳이고
내게 맡기신 사명이라면,
하나님께서 친히 지키실 것 또한 믿으시기 바랍니다.

이사야 43장

19 보라 내가 새 일을 행하리니 이제 나타낼 것이라 너희
가 그것을 알지 못하겠느냐 반드시 내가 광야에 길을
사막에 강을 내리니..

파리 같은 곤충은 높이 날 능력이 없지만.
엘리베이터에 타는 사람을 따라 고층에 도달하기도
한답니다.

나를 보면 무엇을 해낼 능력이 없지만,
하나님과 동행할 때 그분이 이르시는 곳에
나도 오를 수 있습니다.
You raise me up!

시편 3편

6 천만인이 나를 에워싸 진 친다(점령한다) 하여도 나는
두려워하지 아니하리이다

삶이 버겁게 느껴지는 이유는
주변에 하나둘 원수가 생기기 때문이지요.
'다윗'은 천하를 호령할 왕이었지만,
아들에게 반역당하고 백성들이 등 돌리는
위기의 순간에도
하나님을 찾으며 위로를 받았습니다.
원수는 어디에나 있으나
그럼에도 불구하고 하나님은 평안을 주십니다.

시편 68편

19 날마다 우리 짐을 지시는 주 곧 우리의 구원이신 하나
님을 찬송할지로다

누군가의 차를 얻어 타면서
미안한 마음에 짐을 머리에서 못 내려놓았다는
웃픈 이야기를 들은 적이 있습니다.
하나님께서는 우리의 짐 일부가 아닌
모든 것을 맡기라 하시고,
그때에 우리가 가져야 할 마음은
미안한 마음이 아닌 온전한 믿음입니다.

이사야 6장

8 ...주께서 이르시되 내가 누구를 보내며
누가 우리를 위하여 갈꼬 하시니 그 때에 내가 이르되
내가 여기 있나이다 나를 보내소서 하였더니...

자녀를 부를 때 '네!' 하고 대답하면 기분 좋죠.
하지만 커갈수록 아이는 '왜?'라고 대답합니다.
하나님께서 말씀하실 때
나는 '네!'라고 순종합니까?
아니면 '왜요?'하고 반문합니까?

느헤미야 8장

10 ... 이 날은 우리 주의 성일이니 근심하지 말라 여호와
로 인하여 기뻐하는 것이 너희의 힘이니라...

우리가 주일을 지키는 것 같으나
주일이 우리를 지켜줍니다.
주일은 한 주의 끝이 아니라 시작이며,
하나님 앞에 나오는 것이
우리 삶의 우선순위가 되어야 합니다.

누가복음 5장

4   말씀을 마치시고 시몬(베드로)에게 이르시되 깊은 데
로 가서 그물을 내려 고기를 잡으라

예수님이 이 땅에 계실 때 직업이 '목수'셨습니다.
베드로의 직업은 '어부'였지요.
목수이신 예수님께서 어부인 베드로에게
물고기 잡는 방법을 알려주시는
아이러니한 장면입니다.
계급장 떼고 순종한 베드로,
그날 많은 물고기를 포획하게 되지요.

아직도 주님 앞에
'이건 제가 알아서 할께요' 하며
내어드리지 못한 부분은 없는지요.

시편 102편

17 여호와께서 빈궁한 자의 기도를 돌아보시며 그들의
기도를 멸시하지 아니하셨도다

우리는 너무 신사적이어서
예의를 갖춰 하나님께 나아가려는 '강박'이 있습니다.
물론 정성된 자세도 중요하지만
있는 모습 그대로 나의 엎드린 그 자리에
주님은 오십니다.

요한계시록 21장

6 ...나는 알파와 오메가요 처음과 마지막이라 내가 생
명수 샘물을 목마른 자에게 값없이 주리니

목마르다고 바닷물을 마시는 것은
어리석은 일입니다.
차(tea)는 차고, 커피는 커피며, 탄산수는 탄산수일 뿐
그 어느 것도 물을 대신할 순 없습니다.
생명수 되신 예수님만이
우리의 영혼을 살리실 구원자이십니다.

고린도전서 6장

19 너희 몸은 너희가 하나님께로부터 받은 바 너희 가운데 계신 성령의 전인 줄을 알지 못하느냐 너희는 너희 자신의 것이 아니라

20 값으로 산 것이 되었으니 그런즉 너희 몸으로 하나님께 영광을 돌리라

술, 마실 수도 있고
담배, 피울 수도 있으나
내 몸을 성전으로 여기느냐 아니냐
선택의 차이입니다.
하나님께서는 나를 값으로 사셨고,
내 몸의 관리도 맡기셨습니다.

시편 139편

1 여호와여 주께서 나를 살펴 보셨으므로 나를 아시나
   이다
2 주께서 내가 앉고 일어섬을 아시고 멀리서도 나의 생
   각을 밝히 아시오며...

인간의 편애는 상처를 주고 불행의 씨앗이 되지만,
하나님의 편애는 각자에게 너무 온전하여
회복을 주고 상처를 낫게 합니다.
'나만 사랑하시는' 그 하나님의 편애를
꼭 경험하게 되길 바랍니다.

누가복음 6장

26 모든 사람이 너희를 칭찬하면 화가 있도다 그들의 조
    상들이 거짓 선지자들에게 이와 같이 하였느니라

모두가 나를 칭찬할 때가 가장 조심해야 하는
때입니다.
망하는 이들의 전날 모습이 그러하기 때문입니다.
사람들의 칭찬이 없어도 외롭지 않은 것은
하나님께서 주시는 말씀에 확신이 있기 때문입니다.

신명기 31장

8 그리하면 여호와 그가 네 앞에서 가시며 너와 함께 하
사 너를 떠나지 아니하시며 버리지 아니하시리니 너
는 두려워하지 말라 놀라지 말라

짙은 안개나 폭우 속을 운전해 보신 적이 있나요?
한 치 앞이 보이지 않는 도로에서
내 앞차의 후미등 불빛은
내가 따라가야 할 생명줄과도 같습니다.
앞이 보이지 않는 인생길,
내 앞서가시며 인도하시는 하나님의 약속을
오늘도 꼭! 붙드시기 바랍니다.

예레미야 29장

11　여호와의 말씀이니라 너희를 향한 나의 생각을 내가
　　아나니 평안이요 재앙이 아니니라 너희에게 미래와
　　희망을 주는 것이니라

살다 보면 예기치 못한 구덩이에 빠져
낙심하게 될 때가 있지요.
구덩이는 결국 지나가는 곳이니
깊이 묵상하지 마시기 바랍니다.
시간이 흘러 되돌아봤을 때 하나님께서
함께 하셨다는 고백이 있으면 그걸로 된 겁니다.

요한복음 7장

37　… 누구든지 목마르거든 내게로 와서 마시라
38　나를 믿는 자는 성경에 이름과 같이 그 배에서 생수의
　　강이 흘러나오리라

억지로 퍼서 주면 나도 힘들고 때론 줄 것도 없습니다.
내가 먼저 가득 차서 넘쳐야 흘려보낼 수 있습니다.
은혜받기를 사모하셔서 항상 차고 넘치시길 바랍니다.

마태복음 7장

24 그러므로 누구든지 나의 이 말을 듣고 행하는 자는 그
    집을 반석 위에 지은 지혜로운 사람 같으리니...

국내 대표 건설사의 부실시공이
큰 충격을 주고 있습니다.
더 큰 충격은 이러한 일들이
계속 반복되고 있다는 사실이지요.
내 인생도 이런 반복적인 관행이
거꾸로 나를 속이고 있지는 않은지요.
힘들어도 다소 오래 걸려도
말씀 위에 삶을 세워갑시다.

사도행전 3장

6 베드로가 이르되 은과 금은 내게 없거니와 내게 있는
이것을 네게 주노니 나사렛 예수 그리스도의 이름으
로 일어나 걸으라 하고

7 오른손을 잡아 일으키니 발과 발목이 곧 힘을 얻고...

사랑은 말로만 되는 것이 아니라
손을 잡아 일으키는 적극적인 도움이
함께 해야 합니다.
만나지 못할 이유가 많아도
기도하며 도와줄 기회를 열심히 찾아보아요.

누가복음 8장

25 제자들에게 이르시되 너희 믿음이 어디 있느냐 하시
니...

혼란한 시대를 살아갈수록 나의 믿음을 점검해
보아야 합니다.
무엇을 믿으며 의지하며 살고 있는지...
그 믿음의 근간이 허술한 것이라면,
무너지기 전에 얼른 갈아타시기 바랍니다.

시편 119편

50 이 말씀은 나의 고난 중의 위로라 주의 말씀이 나를 살
   리셨기 때문이니이다

마음이 괴로울 때 흥얼거리는 노래가 있나요.
울적할 때 찾는 곳이 있나요.
힘들 때 만나는 사람이 있나요.
고난을 이겨내고자 하는 여러 가지 노력이 있겠지만,
결국은 하나님의 말씀이 나를 살리십니다.

사무엘상 30장

6 ...다윗이 크게 다급하였으나 그의 하나님 여호와를
   힘입고 용기를 얻었더라

열심히 달려왔는데,
옳게 살아온 것 같은데,
주변이 다 적으로 바뀌어 당황할 때가 있습니다.
다급하여 실수할 수 있는 그때...
오히려 힘을 주시어 용기를 얻게 하시는 분은
여호와 하나님이십니다.

이사야 55장

6   너희는 여호와를 만날 만한 때에 찾으라 가까이 계실
     때에 그를 부르라

달리는 차 안에서 네비를 수정할 일이 생겼습니다.

정지신호에 걸리면 하려고 했는데...

제 앞은 계속 초록불, 초록불, 또 초록불...

쌩쌩! 계속 달리다 멈추지 못해 한참을 가다...

결국 너무 멀리 가고 말았지요.

내 앞에 초록불만 있다고 결코 축복이 아닙니다.

직진만 바른길도 아닙니다.

빨간불로 서야 할 때...

비로소 나를 돌아보고 하나님을 찾게 됩니다.

예레미야애가 5장

21 여호와여 우리를 주께로 돌이키소서 그리하시면 우리가 주께로 돌아가겠사오니 우리의 날들을 다시 새롭게 하사 옛적 같게 하옵소서

우리나라는 새해가 시작되고 얼마 지나지 않아
구정 명절을 맞게 되지요.
며칠씩 쉬고 좋긴 한데...
연초에 세웠던
계획(운동, 다이어트, 영어 공부 등등)들이
자연스럽게 무너지는 블랙홀이 되기도 합니다.
습관이 깨지는 달콤한 말~ "내일부터 하지~"
우리의 날들을 다시 주께 드리며
연초에 세웠던 마음, 계획들을 포기하지 않기
바랍니다.

요한복음 15장

2 무릇 내게 붙어 있어 열매를 맺지 아니하는 가지는 아
버지께서 그것을 제거해 버리시고 무릇 열매를 맺는
가지는 더 열매를 맺게 하려 하여 그것을 깨끗하게 하
시느니라

식물을 키워보니 물 주는 것,
햇빛 보게 하는 것 못지않게 중요한 것이
'가지치기'더군요.
불필요한 습관,
삐져나온 나쁜 형질들을 제거해야
좋은 열매를 맺게 되겠지요.
내 삶에 한 가지씩 '가지치기'를
실천해 봄이 어떨까요?

요한계시록 2장

5   그러므로 어디서 떨어졌는지를 생각하고 회개하여
    처음 행위를 가지라...

아파서 병원에 가면 의외의 부분에서 문제가
발견되는 때가 있습니다.
원인이 밝혀지면 치료 방향이 180도 달라지지요.
증상만 보고 울고 계신가요?
원인을 알 때 솔루션이 더 쉬워질 수 있습니다.
우리의 삶도 하나님께 돌아가면 해결이 보입니다.

누가복음 9장

62   예수께서 이르시되 손에 쟁기(농기구)를 잡고 뒤를 돌
     아보는 자는 하나님의 나라에 합당하지 아니하니라
     하시니라

"라떼는 말이야" 는 대화가 단절되는 주원인입니다.
"내가 왕년에..." 도 더 이상 생각이나 행동이
앞으로 나갈 수 없게 만들지요.
과거가 나를 지배하게 하지 말고
하나님과 동행하며 오늘을 살아갑시다.

시편 104편

16 여호와의 나무에는 물이 흡족함이여 곧 그가 심으신
레바논 백향목들이로다

차가운 겨울바람을 이겨내는 나무는
뿌리가 깊어 수액을 잘 빨아들이는 나무가 아닐까요?
모두 다 함께 추울 때는 표가 나지 않지만,
이제 봄이 오면 뿌리 깊은 나무만이 살아남을 겁니다.
하나님께 오면 물(말씀)이 풍성합니다.

요한복음 5장

39 너희가 성경에서 영생을 얻는 줄 생각하고 성경을 연
구하거니와 이 성경이 곧 내게 대하여 증언하는 것이
니라

성경은 세계적인 베스트셀러이고,
꾸준히 읽히는 스테디셀러입니다.
성경은 영생의 길을 알려주며
예수님에 대해 증언하는 책이지요.
눈과 귀를 열어 말씀에 집중하는
기회를 가지시기 바랍니다.

디모데후서 1장

13 너는 그리스도 예수 안에 있는 믿음과 사랑으로써 내
게 들은 바 바른 말을 본받아 지키고...

모델이 누구냐에 따라
언젠가 나도 그렇게 되기도 합니다.
꿈이 없다는 아이들도 롤모델이 생기면
행동이든 외모든 따라 하는 것을 볼 수 있지요.
하지만 잘못된 모델은 인생을 그르치게 합니다.
우리가 따라야 할 참모델,
예수님을 묵상하시기 바랍니다.

이사야 48장

10 보라 내가 너를 연단하였으나 은처럼 하지 아니하고
너를 고난의 풀무 불에서 택하였노라

잡초는 그냥 두어도 무성하게 자라나
집안의 화초는 웬만한 정성에도
잘 키워내기 어렵습니다.
강아지는 몇 개월이면 후딱 크는데
자식은 몇 년을 키워야 제구실을 할까요?
내 고난이 길어 낙심하게 될 때에
하나님께서 내게 공을 들이고 계시는
시간임을 잊지 마세요.

마가복음 4장

27 그가 밤낮 자고 깨고 하는 중에 씨가 나서 자라되 어
떻게 그리 되는지를 알지 못하느니라

한 아이가 얼굴에 뾰루지를 못 견뎌하며
뾰루지가 왜 나는지 궁금해합니다.
그 이유를 확실히 안다 한들
뾰루지가 나는 걸 막을 길이 있을까요?
고난의 이유를 지금은 다 알 순 없지만,
시간이 지난 후에
그것을 지나왔음에 감사하게 될 것입니다.

창세기 41장

56 온 지면에 기근이 있으매 요셉이 모든 창고를 열고 애
굽(이집트) 백성에게 팔새 애굽 땅에 기근이 심하며...

풍년의 때에 흉년을 준비한 요셉은
기근이 닥쳐 온 나라가 굶주리게 되자,
모든 창고를 열어 백성들에게 양식을 공급합니다.
어려운 시기에 더 마음의 문을 닫고
인색해지기 마련이지만
하나님의 사람들은 더 창고를 열어
주변 사람을 살리는 축복의 통로가 되어야 합니다.

고린도전서 1장

29 이는 아무 육체도 하나님 앞에서 자랑하지 못하게 하
려 하심이라

○○월드나 ○○랜드 자유이용권을 끊고 들어가
내 세상인 양 사방을 휘젓고 다녀도...
폐장시간에는 나와야 합니다.
내가 가진 티켓은 '사용권'이지
'소유권'이 아니기 때문입니다.
어느 누가 인생을 내 것이라 자랑할 수 있을까요?
허락하신 시간 안에 사명 감당하고
내려놓을 때가 있음을 기억합시다.

사무엘하 7장

14 나(하나님)는 그에게 아버지가 되고 그는 내게 아들이
되리니 그가 만일 죄를 범하면 내가 사람의 매와 인생
의 채찍으로 징계하려니와...

좋아 보이는 일에도 악한 의도가 있고,
안 좋은 일인데 선한 의도가 있을 수 있습니다.
하나님의 선하심을 믿는다는 건
내게 일어난 모든 일들을 해석할 수 있게 하며
우리로 인내하게 합니다.
그분은 내 아버지이시기 때문입니다.

시편 20편

7 어떤 사람은 병거(군사용 전차), 어떤 사람은 말을 의
지하나 우리는 여호와 우리 하나님의 이름을 자랑하
리로다

내가 지금 의지하며 계획하는 일들이
허무하게 사라질 수도 있음을 인정하며
더욱 겸손히 주님을 붙드시기 바랍니다.

욥기 42장

10 욥이 그의 친구들을 위하여 기도할 때 여호와께서 욥
의 곤경을 돌이키시고 여호와께서 욥에게 이전 모든
소유보다 갑절(두배)이나 주신지라

우리는 결과가 성공일 때는 감사하지만,
그 과정의 고난은 반기지 않습니다.
하지만 고난과 축복은 동전의 양면과도 같아서
동시에 주어집니다.
올림픽 메달은 화려하지만
그동안 선수들이 감내한 훈련과 절제는 누가 알까요?
하나님께서 그 고난 끝에 열매를 주실 것을 믿으며
현재의 고난을 잘 이겨나가시기 바랍니다.

요한복음 13장

37 베드로가 이르되 주여 내가 지금은 어찌하여 따라갈
수 없나이까 주를 위하여 내 목숨을 버리겠나이다

2022년 동계올림픽 쇼트트랙 남자 1500m 결승에서
황○○ 선수의 뒤만 좇아 달린 캐나다 선수의 은메달!
여자 1500m 준결승에서
최○○ 뒤만 따라간 중국 선수의 결승 진출!
누구를 따라가느냐에 따라 내 기록이
결정지어지기도 합니다.
베드로는 예수님을 따르는데 자신의 인생을 걸었고,
결국 예수님처럼 살다가 순교하였습니다.
나는 누구를 무엇을 좇아 살고 있나요.

고린도전서 6장

18 음행을 피하라 사람이 범하는 죄마다 몸 밖에 있거니
와 음행하는 자는 자기 몸에 죄를 범하느니라

운전할 때 덩치 큰 덤프트럭 옆에는
가지 말라고 합니다.
운전도 위협적이지만,
사고 나면 피해가 크기 때문이지요.
인생길에 가까이하지 말아야 할 대상이
분명히 있습니다.
타협하여 이기려 하지 마세요.
피하라고 하신 데는 분명 이유가 있습니다!

낮아질수록 높아져 가는 것이 있습니다.
십자가 앞에서 자신을 낮추는 겸손입니다.

" 겸손한 자에게 은혜를 베푸시나니" (잠 3:34)

Part_4

낮아질수록

모든 것은 제자리에 있을 때 아름답습니다.
해 질 녘엔 집이 그립고,
나이 들어선 고향이 그리우며,
가슴 아픈 일에는 엄마 품이 생각나지요.
고향보다 집보다 엄마보다 더
창조의 근원이신 하나님께서
오늘도 내 영혼의 주소를 물으십니다.

예레미야애가 4장

17 우리가 헛되이 도움을 바라므로 우리의 눈이 상함이
여 우리를 구원하지 못할 나라를 바라보고 바라보았
도다

집에 무엇이 고장 났는데
아이가 부모와 의논도 하지 않고
바깥에서 사람을 불러온다면,
그 부모는 황당하겠지요.
내 안에 예수님이 계시는데
바깥에서 도움을 구하고 있지는 않은가요?
예수님을 믿는다면 마땅히 기도할 수 있고
그분은 우리를 도우실 수 있습니다.

창세기 1장

31 하나님이 지으신 그 모든 것을 보시니 보시기에 심히
좋았더라 저녁이 되고 아침이 되니 이는 여섯째 날이
니라

천지창조 장면입니다.
하나님께서는 세상을 만드시고
보시기에 심히 좋았더라(Very good!) 하셨지,
매우 완벽해(Very perfect!)라고 하지 않으셨습니다.
비록 완벽하지 않아도
창조의 질서대로 목적대로 살아가면
그것이 good!입니다.

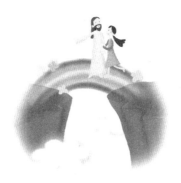

시편 16편

6 내게 줄로 재어 준 구역은 아름다운 곳에 있음이여 나
의 기업이 실로 아름답도다

요즘 우리나라는 '절대빈곤' 비율보다
'상대빈곤' 비율이 더 높다고 합니다.
본인을 중산층이라고 생각하는 비율도 낮아졌고요.
비교는 성장 발판이 되기도 하지만
감사를 잊게도 합니다.
하나님께서 내게 허락하신 구역,
그 기업이 가장 합당합니다.
오늘도 내게 주신 모든 것에 감사하며
지금 이곳에서 다시 시작하시기 바랍니다.

잠언 22장

6 마땅히 행할 길을 아이에게 가르치라 그리하면 늙어
도 그것을 떠나지 아니하리라

아이는 부모가 하라는 대로 자라지 않고
부모가 하는 대로 자란다고 합니다.
가르치는 것도 중요하지만
부모가 그렇게 사는 건 더 중요하지요.
예수님께서는 이 땅에 계실 때,
친히 말씀대로 사셨습니다.

시편 92편

13 이는 여호와의 집에 심겼음이여 우리 하나님의 뜰 안
에서 번성하리로다

청와대 뜰에 심긴 나무들은 특별 관리대상이며
전문가의 손길로 다듬어지지만,
야생 나무들은 무성히 자라기만 하다가
비바람에 꺾이기도 합니다.
하나님의 집에 심기어졌다면 안심하세요.
하나님께서 특별관리하십니다.

로마서 8장

26 이와 같이 성령(하나님의 영)도 우리의 연약함을 도우시나니 우리는 마땅히 기도할 바를 알지 못하나 오직 성령이 말할 수 없는 탄식으로 우리를 위하여 친히 간구하시느니라

성령은 우리의 연약함을 도우십니다.
염려하지 말고 기도하세요.
사탄은 우리의 연약함을 이용하여 넘어지게 합니다.
속지 말고 계속 기도하세요.

고린도전서 1장

27 그러나 하나님께서 세상의 미련한 것들을 택하사 지혜 있는 자들을 부끄럽게 하려 하시고 세상의 약한 것들을 택하사 강한 것들을 부끄럽게 하려 하시며

쉰 목소리가 콤플렉스였던 모 가수가
어느 경연 프로그램에 나와
최종 우승을 차지하였습니다.
말할 때마다 주변을 깜짝 놀랠 만큼
허스키 보이스였으나
진심을 담은 노래는 많은 이에게 감동을 주었지요.
지금 나에게 숨기고 싶은 콤플렉스는 무엇인가요?
하나님의 손이 함께 하실 때 새롭게 됨을
믿으시기 바랍니다.

시편 73편

25 하늘에서는 주 외에 누가 내게 있으리요 땅에서는 주
    밖에 내가 사모할 이 없나이다

누군가를 지지한다는 건
그 사람의 현재 모습, 미래의 공약뿐 아니라
그동안 그가 살아온 삶을 통째로
인정한다는 것입니다.
그래서 힘이 듭니다.
그 모든 것을 인정할 만한 사람이 과연 존재할까요?
오직 주님만이 나의 참 주인 되심을 믿고 의지하며
올바른 분별력을 주시길
그리고 이 나라를 불쌍히 여겨주시길 기도합니다.

전도서 11장

9 청년이여 네 어린 때를 즐거워하며 네 청년의 날들을
마음에 기뻐하여 마음에 원하는 길들과 네 눈이 보는
대로 행하라 그러나 하나님이 이 모든 일로 말미암아
너를 심판하실 줄 알라

누구든 유명세를 타게 되면
과거 영상, 행적 등을 모두 들추어
더 훈훈해지기도 하고
오히려 치욕이 드러나기도 합니다,
내 맘대로 사는 것이 자유요 권리 같지만
언젠간 부메랑이 되어 돌아오지요.
어느 누구도 하나님 앞에 결산의 때를
피할 수 없음을 꼭 명심해야 합니다.

요한복음 1장

12 영접하는 자 곧 그 이름을 믿는 자들에게는 하나님의
    자녀가 되는 권세를 주셨으니

큰 차, 비싼 차, 덤프트럭이 '능력'을 의미한다면
'권세'는 교통경찰과도 같습니다.
아무리 덩치가 크고 비싼 차를 굴려도
교통경찰 앞에서는 꼼짝 못 하는 것을 보면 말입니다.
하나님께서 우리에게 주신 권세는
세상의 능력과 비교할 수 없는 하늘의 권세입니다.
오늘도 세상의 종이 아닌
하나님의 자녀로 살아가세요~

24 하나님이 그들의 고통 소리를 들으시고 하나님이 아
  브라함과 이삭과 야곱에게 세운 그의 언약을 기억하
  사...

성도가 마음의 고통을 표현하는
가장 좋은 방법이 '기도'입니다
고통은 속에 묻어두지 않고 표현해야 사는데,
아무 데나 표현하는 게 아니라
하나님 앞에 표현해야 삽니다.
신실하신 하나님께서는 우리의 고통을 들으시고
우리의 삶에 직접 개입하시기 때문입니다.

잠언 16장

33 제비는 사람이 뽑으나 모든 일을 작정하기는 여호
께 있느니라

때마다 치러지는 총선, 대선, 각종 경선...
내가 내 발밑에 휴지를 줍는다고
지구가 깨끗해지지는 않겠으나,
내가 주운 그 길에서,
내 뒷사람은 깨끗한 길을 걷는 경험을 하게 됩니다.
하나님께서 나의 소중한 한 표를 사용하셔서
큰일을 행하시길 기도하며
성실히 참여해요.

출애굽기 3장

7　여호와께서 이르시되 내가 애굽에 있는 내 백성의 고
　　통을 분명히 보고 그들이 그들의 감독자로 말미암아
　　부르짖음을 듣고 그 근심을 알고…

전 세계를 강타한 코로나 팬데믹,
러시아와 우크라이나의 전쟁 소식,
땅덩어리를 삼킬 듯 번져가는 산불,
각종 재난, 재해의 소식들…
우리의 고통을 보시고 들으시고 아시는 하나님께
오늘도 의지하며 나아갑니다.
주여~ 우리를 불쌍히 여기소서.

고린도후서 4장

10 우리가 항상 예수의 죽음을 몸에 짊어짐은 예수의 생
   명이 또한 우리 몸에 나타나게 하려 함이라

손톱이 부러진 자리는 너무 아프고,
무얼로 싸매도 자꾸 건드려져 더 아픕니다.
며칠을 끙끙 앓다 어느새
희망이 보이기 시작했습니다.
바로 새 손톱이 나기 시작한 것이지요.
아무 힘도 안 들이고 조용히 상처를 밀어내는
새 생명의 힘.
예수님은 이렇게 우리의 고통을 끌어안으십니다.

요한복음 12장

24 내가 진실로 진실로 너희에게 이르노니 한 알의 밀이
    땅에 떨어져 죽지 아니하면 한 알 그대로 있고 죽으면
    많은 열매를 맺느니라

누구나 내 시대에 인생의 꽃을
화려하게 피우기 원합니다.
하지만 후대에 맺히게 될 열매에는
관심이 적은 게 사실이지요.
지금 내가 누리고 있는 자유, 평강, 복음이
누군가의 희생과 썩어짐의 결과임을 생각한다면,
값없이 누리는 은총에 감사할 수밖에 없습니다.
지금 잠깐 화려한 꽃보다
후대에 두고두고 먹일 열매를 맺는 삶 살게 하소서.

출애굽기 3장

12 하나님이 이르시되 내가 반드시 너와 함께 있으리라...

전쟁으로 연인과 헤어지면서 나눠 가진
목걸이 하나로 평생 그리워하며 살았다는
영화 같은 이야기가 있습니다.
남편의 손수건 하나를 품고
평생을 살았다는 아낙의 이야기도 있지요.
이렇듯 약속은 살아갈 힘을 줍니다.
성경은 곧 하나님의 약속이고
오늘도 반드시 나와 함께 하시겠다고
말씀하십니다.

욥기 38장

26 누가 사람 없는 땅에, 사람 없는 광야에 비를 내리며
27 황무하고 황폐한 토지를 흡족하게 하여 연한 풀이 돋
 아나게 하였느냐

오래 기다린 봄비에
하루 종일 마음이 촉촉했습니다.
겨울을 마감하고 봄을 확정 짓듯
꽃들은 피어날 것이고
풀들은 향내를 날리겠지요.
하나님께서는 비를 만드셨지만
비가 지나간 자리에 생명도 나게 하십니다.
힘들고 움츠렸던 만큼
더 하나님의 은혜가 기대되는 봄날입니다.

로마서 5장

8 우리가 아직 죄인 되었을 때에 그리스도께서 우리를
위하여 죽으심으로 하나님께서 우리에 대한 자기의
사랑을 확증하셨느니라

우리는 무언가를 증명하려 할 때,
'내 손에 장을 지진다'라고 말합니다.
사람들이 하나님의 사랑을 믿지 않으니
어떻게 증명하셨을까요?
바로 아들 예수 그리스도의 십자가 죽음입니다.
더 어떻게 다른 증명이 필요할까요?

로마서 13장

13 낮에와 같이 단정히 행하고 방탕하거나 술 취하지 말
며 음란하거나 호색하지 말며 다투거나 시기하지 말
고...

조식, 중식, 석식, 야식 중
건강에 가장 안 좋은 것이 야식이지만,
가장 즐겨하며 탐하는 것 또한 야식입니다.
우리의 마음을 끄는 것이 때론 우리를 망하게 하지요.
밤이 낮보다 화려하여지려 기를 쓰며
휘황찬란 불을 밝혀도
아침에 떠오르는 태양을 이길 방법은 없습니다.
빛되신 주님을 오늘도 바라보아요.

마태복음 2장

14 요셉이 일어나서 밤에 아기(예수)와 그의 어머니를 데리고 애굽(이집트)으로 떠나가

15 헤롯이 죽기까지 거기 있었으니...

아기 예수님을 죽이려는 헤롯왕의 음모 때문에
예수님께서는 낯선 땅 이집트에 피신하여
사신 적이 있습니다
피난민, 나그네, 다문화 가정...
예수님도 그 과정을 겪으셨기에
소외당하는 이방 민족, 나그네의 마음을 아십니다.
지금 혼자인 것 같아 외롭고 서러우시다면,
이런 나를 아시는 예수님을 바라보시기 바랍니다.

시편 4편

8 내가 평안히 눕고 자기도 하리니 나를 안전히 살게 하
시는 이는 오직 여호와이시니이다

침대는 살 수 있어도 잠은 살 수가 없다지요.
침대와 조명, 잔잔한 ASMR, 암막 커튼...
모든 조건을 다 갖추면 다 될 것 같아도
정작 평안은 주께 있습니다.

시편 37편

24 그는 넘어지나 아주 엎드러지지 아니함은 여호와께
서 그의 손으로 붙드심이로다

아기의 걸음마는 넘어짐이 없으면
완성되지 않습니다.
아기가 자꾸 넘어져도 걱정할 이유가 없는 것은
앞에서 뒤에서 지켜보는 양육자가 있기 때문이지요.
지금 나의 넘어짐에 상심하지 않을 것은
나를 지켜보고 도우시는 하나님이 함께 하시기
때문입니다.

미가 7장

7 오직 나는 여호와를 우러러보며 나를 구원하시는 하
나님을 바라보나니 나의 하나님이 나에게 귀를 기울
이시리로다

사랑하는 내 아이라 할지라도 아이의 말을 경청하며
감정을 공감해 주는 것은 쉽지 않습니다.
하지만 하나님은 그분을 바라보는 모든 자에게
귀를 기울이신다고 하십니다.
내 감정을 공감해 주시는 주님께
오늘도 기도할 용기를 얻으시기 바랍니다.

잠언 4장

18 의인의 길은 돋는 햇살 같아서 크게 빛나 한낮의 광명
    에 이르거니와
19 악인의 길은 어둠 같아서 그가 걸려 넘어져도 그것이
    무엇인지 깨닫지 못하느니라

밤이 아무리 길고 깊어도
새벽이 되면 동트는 햇빛에 어둠이 물러가듯,
하나님의 자녀는 길고 깊은 어려움 가운데서도
소망을 잃지 않습니다.
하나님께서 나의 빛이시기 때문입니다.

시편 5편

3 여호와여 아침에 주께서 나의 소리를 들으시리니 아침에 내가 주께 기도하고 바라리이다

살면서 한 번이라도
'야호!'하면서 일어나 본 적이 거의 없는 것 같습니다.
이것이 인생이지요.
하지만 아침을 주님께 기도로 시작한 사람과
'아이고~'로 시작한 사람은 분명 차이가 있을 겁니다.
그 은혜를 힘입어 오늘도 주께 기도하며
하루를 엽니다!

창세기 3장

9 여호와 하나님이 아담을 부르시며 그에게 이르시되
네가 어디 있느냐

차가 고장 나거나 사고가 나 보험사에 전화를 하면
꼭 이렇게 묻습니다.
"지금 계신 곳이 어디입니까?"
문제 해결의 시작은 정확한 위치 파악입니다.
내 모든 것을 다 아시는 하나님이시지만
겸손히 도움을 구할 때 외면치 않고
출동하시는 우리 아버지이십니다.

민수기 23장

19 하나님은 사람이 아니시니 거짓말을 하지 않으시고
인생이 아니시니 후회가 없으시도다 어찌 그 말씀하
신 바를 행하지 않으시며 하신 말씀을 실행하지 않으
시랴

역사상 자신이 내건 공약을 다 지킨
지도자는 없었습니다.
되레 시간이 흘러
자기가 한 말에 발목을 잡히기도 하지요.
사람에게 치이고 실망할 일 투성이지만,
그럴수록 우리가 믿고 의지할 분은
오직 하나님 한 분뿐임을 고백합니다.

마태복음 6장

9 그러므로 너희는 이렇게 기도하라 하늘에 계신 우리
   아버지여 이름이 거룩히 여김을 받으시오며...

주기도문은 예수님께서 가르쳐 주신
기도의 모범답안입니다.
하지만 빨리 외워 재끼다 보면
주기도문은 어느새 '주문'이 되어버리지요.
기도는 마치 창구에 주문서 접수하듯
내가 하고 싶은 말만 하는 게 아니라
그 시작은 하나님을 먼저 부르는 것입니다.
기도가 어려우셔도 하나님을 먼저 불러보세요.

역대하 20장

17 이 전쟁에는 너희가 싸울 것이 없나니 대열을 이루고
서서 너희와 함께 한 여호와가 구원하는 것을 보라...

코로나가 흥왕할 때
우리는 무력했습니다.
보이지 않는 바이러스와 싸우는 것이
허망하게도 느껴졌습니다.
이때 과연 우리는 믿음을 지킬 수 있을까요?
아무 힘이 없을 때...
그저 하나님을 바라보는 것만으로
이미 대열에 선 것입니다.
반드시 하나님의 구원을 보게 될 것입니다.

다니엘 4장

12 그 잎사귀는 아름답고 그 열매는 많아서 만민의 먹을
것이 될 만하고...

비행기 내의 위기 상황에서 내려오는
산소마스크는 본인이 먼저 쓰고
그다음에 옆 사람을 돕는 게 올바른 순서입니다.
화재가 났을 때 대피 1순위는
걸을 수 있는 사람입니다.

살아있다는 것은 남을 도울 때 의미가 있지요.
내게 생명 주시고 건강 주신 것은
누군가를 도우라고 주신 것입니다.

이사야 44장

22 내가 네 허물을 빽빽한 구름 같이, 네 죄를 안개 같이
없이하였으니 너는 내게로 돌아오라 내가 너를 구속
(구원)하였음이니라

모든 것은 제자리에 있을 때 아름답습니다.
해 질 녘엔 집이 그립고,
나이 들어선 고향이 그리우며,
가슴 아픈 일에는 엄마 품이 생각나지요.
고향보다 집보다 엄마보다 더
창조의 근원이신 하나님께서
오늘도 내 영혼의 주소를 물으십니다.

시편 23편

6 내 평생에 선하심과 인자하심이 반드시 나를 따르리
니 내가 여호와의 집에 영원히 살리로다

가장 기억나는 편안했던 잠자리가 있으신지요?
여행길 호텔? 추억의 시골집? 이사한 새 집?
우리의 잠자리가 날마다 편안할 수는 없지만,
내 영혼의 평안한 안식은 하나님께서 주십니다.
늘 그 품을 사모하시기 바랍니다.

잠언 3장

34 진실로 그는 거만한 자를 비웃으시며 겸손한 자에게
은혜를 베푸시나니

나이가 어리면 미숙해서 실수한다지만,
나이 들어서 늙어서도 많이 실수합니다.
실수해도 인정하고 겸손히 주께 돌아오는 자는
하나님께서 은혜를 베푸십니다.

잠언 28장

25 욕심이 많은 자는 다툼을 일으키나 여호와를 의지하
    는 자는 풍족하게 되느니라

김밥처럼 속 안을 다양하게 입맛대로
채울 수 있는 음식이 또 있을까요?
각종 야채, 고기, 참치, 치즈, 계란, 김치, 멸치 등등...
다양합니다.
하지만 그렇다고 넣고 넣고 또 넣고...
넣고 싶은 재료를 실컷 다 넣는다면,
아마 다 싸기도 전에 옆구리가 터질 것입니다.
하나님께서 내가 원하는 것을 다 주시지 않음은
먹기도 전에 터질까 봐 우려하심이 아닐까요?

시편 118편

8 여호와께 피하는 것이 사람을 신뢰하는 것보다 나으
며

9 여호와께 피하는 것이 고관(관리)들을 신뢰하는 것보
다 낫도다

바로 내 눈앞에 있는 사람이나 상관은
사랑과 섬김의 대상이지, 신뢰의 대상은 아닙니다.
신뢰는 마음을 다 주는 것이기 때문에
그만큼 실망도 크지요.
모든 걸 다 맡겨도 안전한 하나님께
마음을 드리기 바랍니다.

출애굽기 6장

7   너희를 내 백성으로 삼고 나는 너희의 하나님이 되리
    니...

탈북민들이 다시 남한을 떠나는 이유는
먹고 살 수는 있으나
인격적인 대우를 받지 못하기 때문이라고 합니다.
밥보다는 관계인 거죠.
하나님은 우리를 백성 삼으시며
관계 맺기를 원하십니다.
그 관계는 파기되지 않는 영원한 약속입니다.

잠언 25장

28 자기의 마음을 제어하지 아니하는 자는 성읍이 무너
지고 성벽이 없는 것과 같으니라

운전석 아래를 들여다보면
가속 페달보다 브레이크 페달이
더 크고 중앙에 있습니다.
속도를 내는 '엑셀레이터'보다
속도를 조절하고 멈출 줄 아는
'브레이크'가 더 중요하다는 뜻이겠지요.
인생의 성벽을 막힘없이 쌓고 싶으시겠지만
그것을 조절하는 능력을 더 많이 구하시기 바랍니다.

로마서 8장

35 누가 우리를 그리스도의 사랑에서 끊으리요 환난이나
곤고나 박해나 기근이나 적신(황폐한 상태)이나 위험
이나 칼이랴

성경은 말하기를
그 어떤 상황도 우리를 예수님의 사랑에서
끊을 수 없다고 합니다.
코로나도 예외는 아니겠지요.
길어지는 코로나로 인해
국민 정서가 우울해지고 있다고 하나
우리를 사랑하시는 하나님의 약속을
굳게 믿으시기 바랍니다.

마태복음 6장

27 너희 중에 누가 염려함으로 그 키를 한 자라도 더할 수 있겠느냐

염려로 키가 자란다면 우리 모두 거인이 될 것이며,
염려로 탑을 쌓는다면 순식간에 빌딩만큼 올리겠지요.
염려의 노력을 돌이켜
기도하기로 마음먹어보세요.
역사가 달라질 것입니다.
하나님께서 주시는 평강을 선물로 받을 것입니다.

시편 119편

18 내 눈을 열어서 주의 율법에서 놀라운 것을 보게 하소
서

어깨 아픈 사람 눈에는
맛사지숍이나 한의원만 보입니다.
기름이 떨어져가는 차는
주유소에 도착할 때까지
주변에 아무것도 보이지 않아요.

눈이 있으나 모두 자기가 보고 싶은 것만 보고 삽니다.
하나님을 간절히 사모할 때
비로소 말씀이 보이기 시작합니다.

누가복음 23장

42 이르되 예수여 당신의 나라에 임하실 때에 나를 기억
하소서

예수님이 십자가에 달리셨을 때
좌우 양쪽에 강도죄를 지은 죄수도 같이 달렸습니다.
그중 한 강도는 마지막 순간에
예수님께 자신의 영혼을 맡기는 간청을 하지요.
염치없이 보일지 모르나 가장 용기 있는 선택입니다.

죽음은 예고없이 옵니다.
그 강도처럼 숨넘어가기 전에 말고
지금 기회 있을 때, 구원을 선택하시기 바랍니다.

34 이에 예수께서 이르시되 아버지 저들을 사하여 주옵
소서 자기들이 하는 것을 알지 못함이니이다 하시더
라 …

예수님께서 십자가에 달려 돌아가심을
기념하는 고난 주간입니다.
예수님께서는 십자가에 달리셨을 때
'누가 나를 이 꼴로 만들었나' 원망하지 않으시고,
오히려 가해자들을 용서하는 기도를
하나님께 올려드리셨습니다.
우리는 아직도 우리의 죄를 모르나
예수님께서는 이미 십자가에서 용서하셨습니다.

마가복음 15장

39 예수를 향하여 섰던 백부장(군대 지휘관)이 그렇게 숨 지심을 보고 이르되 "이 사람은 진실로 하나님의 아들 이었도다" 하더라

예수님 처형 당시 곁에서 모든 과정을 지켜본
군 지휘관이 한 말입니다.
보지 않고 믿는 믿음도 귀하지만,
본 것을 올바로 인정하는 것도 값진 고백입니다.
그동안 교회를 다니면서 또는 성경을 읽으면서
예수님에 대한 어떤 고백이 나에게 있나요?

마가복음 14장

50 제자들이 다 예수를 버리고 도망하니라

사람을 밤잠 설치게 하고
밥이 안 넘어가게 만드는 고통은 아마도,
누군가에게 배반당한 고통일 것입니다.
예수님은 십자가에 달리시기 전,
이미 제자들에게 배반을 당하셨지요.
육신적으로는 십자가 처형을,
정신적으로는 배반의 고통을 겪으셨으나,
끝까지 품으시고 사랑하시며 용서하신 예수님!
그 사랑에 감사하는 고난주간 되시길 바랍니다.

19 오직 흠 없고 점 없는 어린 양 같은 그리스도의 보배
로운 피로 된 것이니라

생전 처음 헌혈을 했습니다.
헌혈 문진 과정이 까다롭더군요.
현재 질병과 복용 중인 약, 과거 수술력,
다녀온 곳, 접촉한 사람 등등...
사람이 사람에게 주는 피도
이처럼 깨끗한 피를 요구하는데
하물며 죄를 씻는 구원의 피는
얼마나 깨끗해야 할까요?
예수님께서 우리를 위해 흘리신 피는
최고로 깨끗한 피!
보혈(寶血)입니다.

요한복음 14장

18 내가 너희를 고아와 같이 버려두지 아니하고 너희에
   게로 오리라

어제는 예수님께서 돌아가신 성(聖) 금요일,
내일은 모든 교회들이 기뻐하는 부활절입니다.
죽음을 이기시고 부활하신 예수님은
우리의 영원한 소망이 되시고
또한 우리와 함께 하시겠다고 약속하십니다.
지금은 잠시 죽을 만큼 괴로워도
부활의 주님, 함께 하시는 주님,
다시 오실 주님을 묵상하며 기뻐하시기 바랍니다.

마태복음 18장

20 두세 사람이 내 이름으로 모인 곳에는 나도 그들 중에
    있느니라

혼자서는 못 짓는 죄를
여럿이 모이면 대담히 짓기도 하지요.
혼자서는 못하는 기도를
함께 모이면 용기를 얻어 하기도 합니다.
예수님 이름으로 모일 때,
우릴 통해 큰일을 행하십니다.
그래서 믿음의 공동체, 교회가 필요합니다.

마태복음 7장

24 그러므로 누구든지 나의 이 말을 듣고 행하는 자는 그
집을 반석 위에 지은 지혜로운 사람 같으리니

의사 표현을 잘 못하는 어린 아기의 건강 상태는
잘 먹고 잘 자고 잘 놀고... 등을 보면 알 수 있습니다.
우리의 신앙도 그 어떤 왕성한 활동보다
예배, 말씀 읽기, 기도... 등 기본 생활이
중요한 건강지표이지요.
왜냐하면
시련이 닥쳤을 때 무너지느냐 지켜내느냐는
그 기초에 달려있기 때문입니다.

요한일서 2장

1   나의 자녀들아 내가 이것을 너희에게 씀은 너희로 죄
를 범하지 않게 하려 함이라

하나님의 속성 중 큰 두 가지는
공의(公義)와 사랑입니다.
공의만 강조해서는
무서운 하나님 앞에 벌벌 떨 것이고,
사랑만 강조해서는
손자가 할아버지 상투를 잡아 비트는
비극이 자행되겠지요.

그러므로 성도가 하나님을 사랑한다면
더 이상 죄를 가까이하지 말아야 합니다.

베드로전서 2장

16 너희는 자유가 있으나 그 자유로 악을 가리는 데 쓰지
말고 오직 하나님의 종과 같이 하라

내 마음대로 하는 게 자유가 아닙니다.
기차는 선로 위에 있어야,
비행기는 정해진 항공선 위에 있어야 안전하며,
그 안에 자유가 있습니다.
선로는 속박이 아니라 자유를 보장하는
안전장치인 것처럼,
하나님의 말씀은 우리에게 참 자유를 주시기 위한
장치입니다.

에베소서 6장

18 모든 기도와 간구를 하되 항상 성령 안에서 기도하고
이를 위하여 깨어 구하기를 항상 힘쓰며 여러 성도를
위하여 구하라

1차, 2차, 부스터샷을 지나 4차...
끝없이 백신을 맞으며 견뎌온 코로나 기간들.
언제까지 백신을 맞으며
바이러스에 대항하며 살 수 있을까요
바이러스도 살아남기 위해
자신을 변형, 변종, 변이를 일으키듯,
악한 사탄은 여러 가지 모양으로
성도들을 넘어뜨리기 위해
변이를 일삼고 있습니다.
우리가 살 길은 항상 깨어 기도하되
서로를 위해 기도하는 것입니다.

요한복음 4장

23 아버지께 참되게 예배하는 자들은 영과 진리로 예배
할 때가 오나니 곧 이 때라 아버지께서는 자기에게 이
렇게 예배하는 자들을 찾으시느니라

코로나로 교회 문이 닫히면서
예배를 온라인으로 드리는게 맞느냐?
꼭 현장에 가서 드려야 하냐?
갑론을박이 많았습니다.
이제 규제도 풀리며 어느새 이전처럼 돌아갔지만,
예배에 대한 우리의 마음은 어떠한가요?
장소가 어디가 됐던 하나님은 나의 중심을 보시니
영과 진리로 드리는 예배가 회복되길 바랍니다.

고린도전서 10장

13 사람이 감당할 시험 밖에는 너희가 당한 것이 없나니
오직 하나님은 미쁘사 너희가 감당하지 못할 시험 당
함을 허락하지 아니하시고 시험 당할 즈음에 또한 피
할 길을 내사 너희로 능히 감당하게 하시느니라

큰일을 당하면,
내 문제만 크게 보여 다른 것은 보이지 않습니다.
한걸음 뒤로 물러나 내가 걸어온 길을
한번 돌아보세요.
어느새 넘어왔고,
어느새 건너왔고,
어느새 시간도 이만큼 지났네요.
다 변하고 다 떠난 것 같은데
주님은 여전히 내 곁에 계십니다
그럼 된 거죠.

마태복음 16장

3 아침에 하늘이 붉고 흐리면 오늘은 날이 궂겠다 하나
니 너희가 날씨는 분별할 줄 알면서 시대의 표적은 분
별할 수 없느냐

사람들은 미래를 알지도 못하고 사는 것 같으나
요즘 발달한 기기를 잘 활용하면 미리 알고
움직일 수 있습니다.
버스 도착 시간도, 음식점의 맛도,
어느 병원의 의사 패턴까지...
인생에 벌어질 모든 일들의 정보를
미리 알아본 후 움직이지요.
하지만 가장 먼저 알아야 할 정보는
이 세상엔 끝이 있으며,
우리 모두 그 길로 간다는 사실입니다.

잠언 16장

3 너의 행사를 여호와께 맡기라 그리하면 네가 경영하
는 것이 이루어지리라

귀중품을 어린아이에게 맡기지 않고
어려운 일을 미숙한 자에게 맡기지 않듯,
맡기느냐 안 맡기느냐가 중요한 게 아니라
누구에게 맡기느냐가 중요합니다.
하나님은 내 인생의 최고 경영자이십니다.

시편 65편

2 기도를 들으시는 주여 모든 육체가 주께 나아오리이
다

우리는 기도가 응답되면
내가 얼마나 열심히 기도했는지 자화자찬부터 합니다.
하지만 기도를 들으시는 분은 하나님이시고,
우리는 다만 그분 앞에 나아갈 뿐입니다.

누가복음 3장

2 ...하나님의 말씀이 빈 들에서 사가랴의 아들 요한에
게 임한지라

사람들은 스스로 자신을 PR하지 않으면
아무도 알아주지 않을 것이라 생각하며
열심히 자신을 드러내고자 애씁니다.
할 수 있는 한, 도시로 광장으로 중심으로...
진출하려 애쓰지요.
하지만 하나님께서 쓰시고자 마음먹으시면,
빈들에 나가 있을지라도
찾아내어 부르시고 사명을 주십니다.

욥기 19장

19 나의 가까운 친구들이 나를 미워하며 내가 사랑하는
    사람들이 돌이켜 나의 원수가 되었구나

예수님은 다른 사람이 아닌,
제자 유다의 손에 팔렸고
요셉은 낯선 사람이 아닌, 형들의 손에 팔려갔습니다.
가장 가까운 사람을 의심하며 살라는 뜻이 아닙니다.
내가 의지할 대상이 아니라는 것이지요.
내가 참 의지할 분은
오직 하나님 한 분이십니다.

에베소서 6장

4 ...너희 자녀를 노엽게 하지 말고 오직 주의 교훈과 훈
계로 양육하라

'양육'은 사람을 키울 때,
'사육'은 짐승을 키울 때 쓰는 용어입니다.
사육은 재산 증식이 목적이기에
잘 먹여 살찌워 잡아먹거나 팔면 끝이지만,
양육은 스스로 자립해 본인의 인생을 살 수 있도록
지지하고 키워내는 긴 여정입니다.
몸은 밥으로 살찌울 수 있고,
정신은 학습으로 자랄 수 있으나
영적인 성장은 하나님 말씀으로만 가능합니다.

16 하나님이 세상을 이처럼 사랑하사 독생자를 주셨으
니 이는 그를 믿는 자마다 멸망하지 않고 영생을 얻게
하려 하심이라

하나님께서 사랑하신 세상엔
나와 우리 가족, 이웃...
심지어 내가 미워하는 그 사람도 포함되어 있습니다.
혹 마음에 용서하지 못하거나
껄끄러운 사람이 있다면,
하나님의 사랑이 십자가를 통해
그 사람에게 전해져야 함을 믿으며
그 관계를 회복하게 되시기 바랍니다.

잠언 22장

6 마땅히 행할 길을 아이에게 가르치라 그리하면 늙어
도 그것을 떠나지 아니하리라

아이가 어릴수록 백지와 같아서
부모가 보여주는 그대로 따라 한다고 하지요.
그래서 지금 내 아이의 모습은
어릴 때 내가 그린 그림일 수 있습니다.
아무리 장성하여 각자의 길을 가는 것 같아도
아이는 여전히 부모를 보며 자라고 있습니다.
누가 마땅히 행할 길을 우리에게 말해 줄 수 있을까요?
하나님 말씀이 곧 그 길임을 믿습니다.

사무엘상 16장

7 ...내가 보는 것은 사람과 같지 아니하니 사람은 외모
를 보거니와 나 여호와는 중심을 보느니라

마스크가 서서히 해제되고 있지만,
무 자르듯이 한 번에 되지는 않고 있습니다.
개중에는 그동안 가리고 살던 삶이 익숙하여
벗기를 꺼려 하는 이들도 많다고 해요.
굳이 표정관리, 화장에 신경 쓰지 않아도 되던
생활이 편했던 것이지요.
마스크로 사람 앞에 얼굴과 표정을 가릴 수는 있어도
하나님 앞에 내 중심까지 가릴 수는 없습니다.

잠언 23장

25 네 부모를 즐겁게 하며 너를 낳은 어미를 기쁘게 하라

부모는 열 아이를 키울 수 있어도
열 자녀가 한 부모를 섬기지 못한다고 합니다.
부모님은 핑계치 않으셨는데
자녀들은 왜 이리 이유가 많을까요?
우리에게 하나님의 사랑을 표본으로 보여주신
부모님께 감사드리는 날 되세요.

시편 121편

1 내가 산을 향하여 눈을 들리라 나의 도움이 어디서 올
까
2 나의 도움은 천지를 지으신 여호와에게서로다

'산 너머 산'이라는 말은 우리를 낙심하게 만들지만,
그 산 아래 주님이 기다리고 계심을 믿는다면...
고난은 주님을 만날 기회가 될 수 있습니다.

17 ...그가 너로 말미암아 기쁨을 이기지 못하시며 너를
잠잠히 사랑하시며 너로 말미암아 즐거이 부르며 기
뻐하시리라

선물과 인사가 오가며 분주한 5월.
존재만으로 효도하는 이가 있습니다.
바로 아가들이지요.
아가에게 인사해라 선물 가져와라 하는 어른 없듯이
그들은 존재만으로 이미 큰 선물입니다.
우리를 보시는 하나님 아버지의 마음은 어떠실까요?
나는 선물은커녕 언제 그분께 한번 웃어드렸나요?

야고보서 5장

13 너희 중에 고난 당하는 자가 있느냐 그는 기도할 것이
요...

누구에게나 고난은 오지만
그에 대한 반응은 각자 다 다릅니다.
성경은 우리에게 고난에 대처하는
방법을 알려주고 있네요.
고난을 넘을 힘은 기도밖에 없습니다.
기도는 내가 하나님께 내미는 손이요,
기도할 때 하나님은 내 손을 잡고 일으켜 주십니다.

시편 32편

6 이로 말미암아 모든 경건한 자는 주를 만날 기회를 얻
어서 주께 기도할지라 진실로 홍수가 범람할지라도
그에게 미치지 못하리이다

사람에게는 두 가지 자유가 있습니다.
하나님께로 갈 자유와 하나님으로부터 떠날 자유...
이는 기회와 함께 오지요.
주를 만날 기회를 놓치지 마시기 바랍니다.

히브리서 11장

24 믿음으로 모세는 장성하여 바로(왕)의 공주의 아들이라 칭함 받기를 거절하고...

하나님 말씀에 '예'하고 순종하는 것만큼이나
중요한 것이,
세상 청탁이나 죄의 유혹에 'NO!'하고
거절하는 것입니다
무엇이든지 수용하는 것이 신앙이 아니라
하나님의 뜻이 아닌 것에는 거절하는 용기도
믿음인 것입니다.

예레미야 9장

23 여호와께서 이와 같이 말씀하시되 지혜로운 자는 그
의 지혜를 자랑하지 말라 용사는 그의 용맹을 자랑하
지 말라 부자는 그의 부함을 자랑하지 말라

우리의 마음속에 영원한 하이틴 스타였던
왕년의 배우들이 이제는 나이가 들어
의료기기, 건강보조식품 광고에 나오는 것을 보고...
세월은 누구에게나 공평하다고 생각했습니다.
영원한 것을 품은 사람은
유한한 것에 쉽게 흔들리며 자랑하지 않습니다.

요한복음 13장

34   새 계명을 너희에게 주노니 서로 사랑하라 내가 너희
를 사랑한 것 같이 너희도 서로 사랑하라

내가 버스를 타고 갈 때는 택시의 끼어듦이 얄밉고,
택시를 타고 갈 땐 덩치 큰 버스가 여간
걸리적거리는 게 아닙니다.
우리는 이렇듯 서로를 사랑할 수 없는 존재들인가
봅니다.
사랑의 표본이 되신 예수님.
그 분만이 절대 기준이 되십니다.

누가복음 15장

20 이에 일어나서 아버지께로 돌아가니라 아직도 거리
가 먼데 아버지가 그를 보고 측은히 여겨 달려가 목을
안고 입을 맞추니

집 나갔던 탕자가 한 일이라고는
그저 아버지께 돌아온 것뿐이었습니다.
집 나간 이유도, 그동안 저지른 죄목도 묻지 않은 채
그저 안아주시는 아버지...
두 손 두 발 다 들고 주님 앞에 나온다는 것은
패배가 아니라 거룩입니다.

시편 16편

8 내가 여호와를 항상 내 앞에 모심이여 그가 나의 오른
쪽에 계시므로 내가 흔들리지 아니하리로다

귀한 분을 모실 때
문 앞에 앉게 하거나 마당에 서 있게 하는 것은
실례입니다.
내 삶에 하나님의 위치는 어디인가요?

출애굽기 14장

14 여호와께서 너희를 위하여 싸우시리니 너희는 가만히 있을지니라

움직여야 할 때가 있고 가만히 있어야 할 때가
있습니다.
이것을 거꾸로 하면 문제가 되지요.
아무리 바빠도 버스 안에서 뛸 순 없듯이
내 힘으로 아무것도 할 수 없는 고난의 때에는
오직 하나님만 바라봐야 합니다.
하나님께 집중할 때 기도와 예배가 살아나고
하나님의 일하심을 보게 될 것입니다.

시편 119편

37 내 눈을 돌이켜 허탄한 것을 보지 말게 하시고 주의 길
  에서 나를 살아나게 하소서

사람은 눈으로 행복을 얻기도 하고
눈으로 불행을 느끼기도 합니다.
초록숲, 청명한 하늘, 아기 미소...
고공물가, 집값, 잘난 옆집 아들...
무엇을 보느냐는 자유이고 내 선택이지만,
주님을 볼 때 우리 영혼은 살아납니다.

이사야 45장

2 내가 너보다 앞서 가서 험한 곳을 평탄하게 하며 놋문
  을 쳐서 부수며 쇠빗장을 꺾고...

감당할 수 없는 어려움이
굽이굽이 숨어있다가 하나씩 고개를 들 때
어찌 좌절하지 않을 수 있을까요?
하지만 고난의 순간에도
하나님은 현장에 먼저 가 계시고 나와 함께 하시며
평안을 주십니다.

요한복음 16장

24 지금까지는 너희가 내 이름으로 아무 것도 구하지 아니하였으나 구하라 그리하면 받으리니 너희 기쁨이 충만하리라

우리가 드리는 모든 기도는
"예수님의 이름으로 기도드립니다 아멘"으로
마칩니다.
예수님의 이름으로 기도할 때 응답해 주신다고
약속하셨기 때문이지요.
불안과 의심에 싸여 속시원히 내놓지 못했던 문제들도
이제는 "예수님의 이름으로" 기도하시기 바랍니다.

십계명

제일은, 너는 나 외에는 다른 신들을 네게 두지 말라.

제이는, 너를 위하여 새긴 우상을 만들지 말고, 또 위로 하늘에 있는 것이나, 아래로 땅에 있는 것이나, 땅 아래 물 속에 있는 것의 어떤 형상도 만들지 말며, 그것들에게 절하지 말며, 그것들을 섬기지 말라.
나 네 하나님 여호와는 질투하는 하나님인즉 나를 미워하는 자의 죄를 갚되, 아버지로부터 아들에게로 삼사 대까지 이르게 하거니와, 나를 사랑하고 내 계명을 지키는 자에게는 천 대까지 은혜를 베푸느니라.

제삼은, 너는 네 하나님 여호와의 이름을 망령되게 부르지 말라.
여호와는 그의 이름을 망령되게 부르는 자를 죄 없다 하지 아니하리라.

제사는, 안식일을 기억하여 거룩하게 지키라.
엿새 동안은 힘써 네 모든 일을 행할 것이나, 일곱째 날은 네 하나님 여호와의 안식일인즉, 너나 네 아들이나 네 딸이나, 네 남종이나 네 여종이나, 네 가축이나 네 문안에 머무는 객도 아무 일도 하지 말라. 이는 엿새 동안에 나 여호와가 하늘과 땅과 바다와 그 가운데 모든 것을 만들고 일곱째 날에 쉬었음이라. 그러므로 나 여호와가 안식일을 복되게 하여, 그 날을 거룩하게 하였느니라.

제5는, 네 부모를 공경하라.
그리하면 네 하나님 여호와가 네게 준 땅에서 네 생명이 길리라.

제6은, 살인하지 말라.

제7은, 간음하지 말라.

제8은, 도둑질하지 말라.

제9는, 네 이웃에 대하여 거짓 증거하지 말라.

제10은, 네 이웃의 집을 탐내지 말라.
네 이웃의 아내나 그의 남종이나 그의 여종이나, 그의 소나 그의 나귀나 무릇 네 이웃의 소유를 탐내지 말라.
(출애굽기 20:3~17)

팔복 八福

1. 심령이 가난한 자는 복이 있나니
천국이 그들의 것임이요
2. 애통하는 자는 복이 있나니
그들이 위로를 받을 것임이요
3. 온유한 자는 복이 있나니
그들이 땅을 기업으로 받을 것임이요
4. 의에 주리고 목마른 자는 복이 있나니
그들이 배부를 것임이요
5. 긍휼히 여기는 자는 복이 있나니
그들이 긍휼히 여김을 받을 것임이요
6. 마음이 청결한 자는 복이 있나니
그들이 하나님을 볼 것임이요
7. 화평하게 하는 자는 복이 있나니
그들이 하나님의 아들이라 일컬음을 받을 것임이요
8. 의를 위하여 박해를 받은 자는 복이 있나니
천국이 그들의 것이라

[마태복음 5 : 1 - 12]